sucesso é
o resultado
de times
apaixonados

CARO LEITOR,

Queremos saber sua opinião sobre nossos livros.
Após a leitura, curta-nos no **facebook.com/editoragentebr**,
siga-nos no Twitter **@EditoraGente** e
no Instagram **@editoragente**
e visite-nos no site **www.editoragente.com.br**.

Cadastre-se e contribua com sugestões, críticas ou elogios.

# RENATA SPALLICCI

# sucesso é o resultado de times apaixonados

Um método inovador para alcançar resultados extraordinários

**Diretora**
Rosely Boschini

**Gerente Editorial Sênior**
Rosângela de Araujo Pinheiro Barbosa

**Editor Assistente**
Alexandre Nuns

**Assistente Editorial**
Rafaella Carrilho

**Produção Gráfica**
Fábio Esteves

**Preparação**
Gleice Couto

**Capa**
Vanessa Lima

**Projeto Gráfico**
Mariana Ferreira

**Diagramação**
Renata Zucchini

**Revisão**
Mariana Marcoantonio e
Natália Domene Alcaide

**Impressão**
Rettec

Copyright © 2021 by Renata Spallicci
Todos os direitos desta edição
são reservados à Editora Gente.
Rua Original, 141/143 – Sumarezinho
São Paulo, SP – CEP 05435-050
Telefone: (11) 3670-2500
Site: www.editoragente.com.br
E-mail: gente@editoragente.com.br

Dados Internacionais de Catalogação na Publicação (CIP)
Angélica Ilacqua CRB-8/7057

Spallicci, Renata
     Sucesso é o resultado de times apaixonados: um método inovador para alcançar resultados extraordinários / Renata Spallicci. - São Paulo: Editora Gente, 2021.
     224 p.

ISBN 978-65-5544-119-2

1. Administração de negócios 2. Sucesso nos negócios I. Título

21-2251                                            CDD 658.4

Índice para catálogo sistemático:
1. Administração de negócios

# Nota da publisher

Mesmo em ramos de atuação tão diferentes, Renata Spallicci e eu temos um norte em comum: o cuidado com as pessoas. Ela é uma empresária determinada e sedenta por conhecimento, mas com um diferencial: ela coloca em prática todo seu aprendizado e, neste ponto, encontramos um dos fatores que a fez inspirar seu time e, juntos, dobraram a empresa de tamanho em cinco anos. Este livro é seu compromisso em revelar o que é essencial para construir uma organização com propósito.

Tenho uma profunda admiração pela Renata, por sua competência e determinação ao carregar a missão de impulsionar os espaços para a liderança feminina. Os times que lidera não são somente engajados: são apaixonados. Este livro nasceu para mostrar como construir uma cultura dentro dos negócios que gere prosperidade para todos e que alinhe os propósitos individuais e os da empresa. E isso é resultado de uma liderança de excelência.

Renata topou a empreitada de fazer um livro para ajudar líderes e empresários a crescer independentemente de cenários externos. Em *Sucesso é o resultado de times apaixonados*, você encontrará uma metodologia inspiracional para liderar seu time e transformar seus colaboradores em embaixadores da sua empresa, que não terá outro caminho a não ser alcançar o sucesso e bons resultados. Afinal, ela será uma empresa engajada na construção de um mundo melhor para todos: sócios, colaboradores, clientes diretos e indiretos. Uma leitura fundamental para quem quer dar a virada em seu negócio com um propósito maior do que os números, ainda que eles sejam muito importantes e fundamentais para permanecer relevante no mercado.

**Rosely Boschini** – CEO E PUBLISHER DA EDITORA GENTE

*Dedico este livro a Renato Spallicci, meu pai, mestre, amigo e grande herói, que me guiou por essa jornada apaixonante de desafios e conquistas na Apsen Farmacêutica, que tanto cresceu e hoje é nossa Nação Azul. Sinto-me honrada em ser sua filha e parceira de sonhos e realizações. Juntos nos complementamos. Amo você infinitamente. Que venham novos sonhos, novos livros e novas realizações.*

*Agradeço primeiro a Deus, depois aos meus pais,
Renato Spallicci e Martha W. Farias, que me deram
a dádiva da vida e toda minha base; ao meu noivo,
Marcelo Toledo, meu melhor amigo e parceiro de
jornada; aos meus mentores que me ensinam e me
inspiram, especialmente Sílvio Monteiro e Vinícius
Carvalho, que me ajudam a realizar muitos de
meus sonhos; e a todos os integrantes dessa mágica
e apaixonante Nação Azul que fazem o sucesso da
Apsen e foram a principal inspiração para este livro.*

# Prefácio

# Lições de crescimento sustentável

**T**oda empresa nasce de um sonho, de uma necessidade de gerar renda e empregos para a família, de juntar todos ao redor de um sonho, crescer e atravessar gerações. Para isso acontecer, é necessário amor à instituição; e ver uma empresa atravessar gerações, com o mesmo amor e a mesma dedicação, é uma grande inspiração para todos.

Renata Spallicci apresenta em *Sucesso é o resultado de times apaixonados* exatamente o que aprendeu com os avós e depois com o pai: o mais importante são as pessoas. Cuidando delas, os números chegam, são consequência, mas o contrário não acontece.

Fruto de uma reflexão profunda dos valores em um momento de pandemia, no qual enfrentamos uma crise com desafios imensos, o livro explora diversos conceitos de cultura organizacional, diversidade, liderança, entre outros.

Os desafios de planejamento estratégico, digitalização da empresa e metas ambiciosas de crescimento, além da preocupação em incluir a Apsen em causas importantes como meio ambiente e diversidade, são contados de maneira simples e fácil de aprender e colocar em prática.

Todos sairão mudados dessa pandemia, e a Renata se reinventou, compartilhando suas experiências neste livro que certamente impactará e trará ferramentas para muitos seguirem os caminhos da liderança em uma administração inclusiva.

**Luiza Helena Trajano**

PRESIDENTE DO CONSELHO DO MAGAZINE LUIZA E DO GRUPO MULHERES DO BRASIL

# Apresentação

Que alegria escrever a apresentação do livro da Renata, minha querida filha, a quem pouco ensinei na teoria, mas muito na prática. Sinto-me orgulhoso de testemunhar seu crescimento, como se tornou uma mulher com grande sabedoria na área empresarial, mas ainda maior sensibilidade em questões humanas. As experiências que vivenciou foram muitas, às vezes amargas e indigestas, mas todas importantes, pois a trouxeram até aqui. E tudo isso, ela relata muito bem neste livro.

Não tenho curso superior e meu único emprego foi na Apsen, empresa fundada com muito sacrifício pelos meus pais, mas, ainda hoje, beirando meus 70 anos, mantenho um entusiasmo tremendo por ela. Mais do que esse meu entusiasmo, o que me move são as pessoas que estão ao nosso lado, seguindo esta jornada conosco. Por causa delas, nós entregamos o nosso melhor a cada dia de trabalho. E tudo isso foi e é feito com muito amor no coração. Somos felizes por sermos parte da nossa Nação Azul!

Cuidar das pessoas estará sempre em primeiro lugar. Dia após dia, é preciso inspirar as pessoas que fazem da empresa o que ela é, em sua essência atemporal de cuidado. Todos estamos navegando neste mundo Frágil, Ansioso, Não linear e Incompreensível, que é o que justifica esse zelo, quase um ninar, um aconchego afetuoso, acalanto que encanta o mundo mágico – um mundo que apenas quem conhece de perto consegue identificar esse sentir, dificilmente traduzidos em palavras.

Um sonho começou há mais de meio século, e este sonho, desde então, a cada dia, vem sendo alimentado por todos que passaram pela Apsen e pelos que estão aqui. E o sonho não terminou, muitos mais dias e pessoas virão para a Nação Azul, e haverá conquistas, e mais sonhos, e sonhos dentro de sonhos, que se transformarão em realidade neste mundo Frágil, Ansioso, Não linear e Incompreensível.

**Cuidar das pessoas estará sempre em primeiro lugar.**

O nosso bem mais precioso é o tempo. E o tempo é dividido, subdividido, planejado, medido, é pretérito, é presente, é futuro, são horas, minutos, segundos, frações de segundos, são batidas cardíacas, respirações calmas, respirações aflitas, de perder o fôlego. O tempo é infância, puberdade, juventude, é adulto, maduro, velhice, é primavera, verão, outono, inverno. É também o tempo sábio, irresponsável, é tudo o que dele fazemos neste mundo Frágil, Ansioso, Não linear e Incompreensível.

Renata trata da liderança do futuro, do autocontrole da mente, do pensamento, da liderança humana, da simplicidade. Uma liderança de A a Z, que respeita todos dentro da empresa, a liderança da diversidade, do amor, da compaixão. A liderança da igualdade, mas, sobretudo, a liderança que traz luz à meritocracia, não confundindo liderança com paternalidade neste mundo Frágil, Ansioso, Não linear e Incompreensível.

Talvez este mundo seja como o corpo humano, e os seres humanos sejam células integrantes de um todo. Talvez este mundo seja uma realidade que ainda não é captada pelos sentidos humanos, talvez a própria Terra seja um órgão de um ser universal. Por mais avanços tecnológicos que haja, ainda persistirá o maior de todos os mistérios: a nossa origem e o nosso destino neste mundo Frágil, Ansioso, Não linear e Incompreensível.

Desperta no horizonte, nas primeiras horas do amanhecer, um raio de luz laranja em meio à escuridão de nossa consciência. Um sol que brilhará, iluminando a esperança de um mundo Forte, Sereno, Linear e Compreensível.

Boa leitura!

**Renato Spallicci**

PRESIDENTE DA APSEN FARMACÊUTICA

# Sumário

**INTRODUÇÃO** — **18**

**PARTE 1** — **26**
O SONHO DO SUCESSO E O NOVO MUNDO QUE NOS DESAFIA

**CAPÍTULO 1:** — **28**
O MUNDO BANI

**CAPÍTULO 2:** — **40**
APRENDA A DESAPRENDER

**CAPÍTULO 3:** — **50**
FOQUE AS PESSOAS, ACERTE OS NÚMEROS

**PARTE 2** — **58**
CONECTANDO OS SONHOS NA PRÁTICA

**CAPÍTULO 4:** — **60**
ATUALIZE-SE

**CAPÍTULO 5:** — **72**
MATERIALIZE A CULTURA ORGANIZACIONAL

**CAPÍTULO 6:** — **88**
INSPIRE

**CAPÍTULO 7:** **102**

DIVERSIDADE E INCLUSÃO

**CAPÍTULO 8:** **128**

FORME O TIME CERTO E REMUNERE MUITO BEM

**CAPÍTULO 9:** **150**

CONFIE NO TIME

**CAPÍTULO 10:** **162**

ACABE COM OS LADRÕES DE TEMPO

**CAPÍTULO 11:** **176**

DESAFIE O FUTURO

**CAPÍTULO 12:** **190**

MENSURE O IDH DA SUA EMPRESA

**CAPÍTULO 13:** **202**

CONECTE SONHOS

**CAPÍTULO 14:** **210**

*DO IT AGAIN*

**CAPÍTULO 15:** **216**

UMA EXPLOSÃO DE SUCESSO: SONHOS REALIZADOS

# Introdução

**A** vida é feita de momentos. Em sua maioria, fugazes, sem importância e cotidianos. Mas há aqueles que nos marcam para sempre e nos movem para os próximos passos de nossa jornada.

Ano de 2020. Vivíamos o início de um período que marcará para sempre nossa geração. Em meados de março, estava reunida em uma sala da Apsen com nosso time de contingência, analisando os impactos e as medidas que tomaríamos em relação à pandemia da covid-19 e todos os seus reflexos.

Naquele exato momento, senti que vivia um desses instantes depois dos quais nunca mais seremos os mesmos. E foi ali, em meio a um turbilhão de sentimentos, resoluções, dúvidas, medos e incertezas, que tomei a decisão de escrever este livro.

Era algo ainda sem forma, sem plano e sem prazos, mas, certamente, era algo que já nascia com aquilo que considero o mais essencial em todas as nossas ações: propósito.

Se há um propósito, há algo que merece e deve ser feito! E tão clara quanto a minha necessidade de eternizar aquele momento foi a certeza de que este livro não deveria ser sobre a pandemia, ou sobre como a Apsen e eu nos comportamos perante ela. Mas, sim, sobre tudo o que fiz e fizemos para a Apsen ser uma empresa de sucesso, a mais desejada indústria farmacêutica para se trabalhar, a indústria que mais cresceu no último período no Brasil, e como cada ação que tomamos ao longo de muitos anos nos preparou para chegar até aqui e para todo o futuro que está por vir.

Se nossa vida é feita de momentos, aquele era um desses especiais. Para pegar e guardar em uma caixinha. Para documentar e eternizar em tinta nas folhas impressas deste livro.

## Quem sou eu

Se você não me conhece, e é bem possível que não, deve estar se perguntando: "Mas quem é Renata Spallicci? O que é a Apsen?". Bom, então vamos começar lá do princípio. Antes mesmo de eu vir a este mundo...

Há mais de cinquenta anos, meus avós, Mario e Irene Spallicci, fundaram um pequeno laboratório farmacêutico no bairro de Santo Amaro, em São Paulo. Voltando à questão de momentos e decisões que definem vidas, indiscutivelmente, aquele dia em que a Apsen foi criada marcou a vida não somente do casal, mas também de todas as futuras gerações da minha família.

Mais do que uma empresa, naquele mês de junho de 1969, meus avós deram início a um legado, a uma maneira de gerir e de lidar com os negócios que nos trouxe até aqui. Não, meus avós não eram revolucionários em métodos de administração, nem gênios da inovação tecnológica que patentearam uma grande descoberta para a humanidade. Eles eram pessoas simples que se preocupavam com algo essencial e raro: o cuidado com as pessoas.

E quando digo cuidado com as pessoas, refiro-me a todos os seus aspectos. Cuidado com as pacientes para as quais aqueles medicamentos produzidos no laboratório seriam destinados, cuidado com os médicos que iriam prescrever aqueles medicamentos e, portanto, precisavam ser bem informados sobre eles, cuidado com os colaboradores que estariam ligados à Apsen, tirando de lá seu sustento e construindo carreiras e vidas.

Foi esse o principal legado que meus avós deixaram a meu pai, Renato Spallicci, hoje presidente da Apsen, a mim, vice-presidente, e a todos os colaboradores que já passaram pela empresa ou trabalham nela atualmente.

Hoje, aquele pequeno laboratório ficou como uma foto em branco e preto do passado. A Apsen é agora uma indústria farmacêutica de faturamento anual de 1 bilhão de reais, com um portfólio de produtos que inclui diversos líderes de mercado em seus segmentos, uma das maiores empresas nacionais do ramo farmacêutico.

Contudo, o espírito, a cultura e o modo de enxergar o negócio, tendo sempre as pessoas no centro, continuam em cores vívidas e os mesmos daqueles imaginados e construídos pelos fundadores, meus avós.

Foi nesse contexto que há quase vinte anos eu, uma jovem ainda cursando a faculdade de engenharia química, comecei minha trajetória profissional na Apsen.

Reflexo da educação dos meus avós e da maneira de encarar o negócio, meu pai fez com que eu começasse na empresa como deveria ser. Nada de salas glamorosas com meu nome escrito em uma plaquinha na porta – o que, confesso, naquele período, me causou desconforto e decepção –, mas, sim, uma vaga no almoxarifado. Minha carreira iniciou exatamente onde tudo começa no processo produtivo de uma indústria farmacêutica, com muitas caixas para conferir e carregar. E assim foram os primeiros meses. Área após área, função após função, um verdadeiro programa de *trainee* com uma extensa programação de *job rotation* (mesmo que naquele tempo ainda não chamássemos assim).

Cortemos para 2007. Depois de conhecer as diversas áreas da empresa, eu me fixei na de finanças, na qual tive duas das principais lições que levaria para minha vida: é nas dificuldades que crescemos, e devemos colocar as necessidades da empresa e da coletividade acima de nossos desejos pessoais.

Vou explicar a situação para que entendam melhor a moral da história. Naquele ano de 2007, ainda em esquema de *job rotation*, eu trabalhava na área financeira quando, ao analisar números, comparar dados e fazer projeções, cheguei a um cenário que não estava sendo mostrado de maneira clara: havia sérias complicações de caixa e a saúde da empresa estava a caminho da UTI!

Depois de muito analisarmos a situação, chegamos à conclusão de que medidas drásticas precisavam ser tomadas, despesas enxugadas, dívidas renegociadas… Meu pai confiou em mim para conduzir todo esse processo. Era meu primeiro e grande desafio. Foi o meu primeiro e grande aprendizado!

Um aprendizado que, como disse acima, veio com outra importante lição: há momentos em que temos que colocar nossos desejos abaixo das necessidades da empresa e estarmos onde somos necessários, e não onde queremos estar. Finanças nunca foi, e ainda não é, minha grande paixão, mas se era lá que a Apsen precisava de mim, era lá o lugar certo onde eu deveria estar.

Assim, mesmo sem ter paixão por finanças, descobri naquele momento uma oportunidade de exercer aquela que talvez seja minha maior busca e meu maior prazer: a do conhecimento. Se a missão dada era em finanças, fui me especializar no tema, fiz uma pós-graduação na área e entrei na batalha munida de todas as ferramentas das quais poderia dispor.

Saímos da crise mais fortes do que entramos, e eu, como profissional, conquistei a oportunidade de liderar e buscar voos ainda maiores.

## Planejamento estratégico, diversidade, inclusão e cultura organizacional

Nos anos que se seguiram, após a reestruturação de 2007, continuei fazendo aquilo que mais amo: trabalhando e me especializando, estudando, aprendendo, participando de mentorias (fiz um MBA para

CEO, diversos cursos, participei de *master minds)* e me fortaleci para encarar meu segundo grande desafio da carreira.

Em 2015, conduzi o primeiro planejamento estratégico quinquenal da Apsen que culminou com uma meta arrojada e ambiciosa: chegar a 2020 com o dobro do tamanho que tínhamos e com um faturamento de 1 bilhão de reais.

Mais do que planejar, o grande desafio foi conduzir a empresa ao longo desse período, ao lado do meu pai e de todo o time Apsen, passando por todos os obstáculos, crises e percalços sem nos desviar do foco, sem perder de vista o nosso rumo. E, mais ainda, conseguir chegar aos objetivos (sim, em 2020 nós cumprimos nossa meta), sem perder a essência e o jeito de ser da Apsen, construído lá atrás pelos meus avós e forjado pelo meu pai nessas últimas décadas.

E, se em time que se ganha não se mexe, em 2020 tive a missão de conduzir o nosso novo planejamento, com vistas a 2025, e, novamente, com a meta de dobrarmos mais uma vez de tamanho.

Juntamente a esse grande desafio, e até como um meio de atingi-lo, eu me dedico neste momento a três grandes projetos essenciais para o nosso futuro: a transformação digital da Apsen, o fortalecimento do nosso processo de diversidade e inclusão e a solidificação e perenidade da nossa cultura organizacional.

Todos esses temas tratarei com mais profundidade nas páginas deste livro, mas por ora preciso explicar mais um pouquinho sobre cada um deles.

A transformação digital da Apsen sempre foi um sonho e um desejo para mim. Até porque o tema me fascina e eu já trabalho nesse sentido há mais de cinco anos, em minhas redes sociais pessoais. Tenho um blog com mais de 7 milhões de acessos, e minhas redes também ultrapassam a casa dos 3.7 milhões de seguidores. Pessoas que buscam conteúdo produzido de maneira profissional e responsável e que me tornaram uma figura com autoridade para falar dos temas em que atuo, como o mundo corporativo, dos esportes (sim, sou atleta profissional, mas isso é assunto para outro livro), do empoderamento feminino, entre outros.

E quis a pandemia da covid-19 que todo o aprendizado que acumulei ao longo desses últimos anos fosse essencial para que implementássemos em tempo recorde uma nova maneira de nos comunicar com o mercado, tão necessária em época de distanciamento social e de um mundo com novos paradigmas.

No entanto, se a transformação digital nos leva para estradas nunca antes exploradas, pode nos distanciar também de nossa essência (o cuidado com as pessoas, lembra?). Por isso, considero o trabalho de solidificação e perenidade cultural da Apsen tão relevante.

Para sustentar tudo isso, é preciso olhar também para a questão da diversidade e inclusão. Afinal, cuidar de pessoas ganha uma amplitude cada vez maior. Por sorte vivemos um verdadeiro chamamento público para cuidar da tão necessária reparação social e, especialmente, do quão estratégico e importante ao negócio é ter um time diverso. Assim, líderes e empresas não podem se furtar à sua responsabilidade de contemplar esse tema quando buscam novos profissionais no mercado ou quando consideram as oportunidades de aproveitamento interno.

Como disse antes, a paixão pelo aprendizado é uma das minhas marcas, tão clara quanto a obsessão por compartilhar e disseminar tudo aquilo que aprendo e vivencio.

O objetivo deste livro não é de compartilhar com você uma fórmula de sucesso – afinal não acredito em fórmulas prontas –, mas uma das maneiras possíveis de se chegar lá. E, para mim, a única que realmente faz sentido é aquela baseada em propósitos e que coloca no centro o que temos de mais valioso no mundo: as pessoas. Sem dúvida, dei início a esse aprendizado na Apsen, com meu pai, mas pouco a pouco desenvolvi e fui atrás de consolidar essa convicção em mim. Por isso, o que compartilho aqui com você traz a marca e os exemplos de muito do que vivi e vivo na empresa que meus avós fundaram, mas vai muito além.

Quando decidi escrever este livro, quis justamente compartilhar o conhecimento que adquiri ao longo de anos, buscando construir um acervo de cenários e de experiências, em cursos, leituras e conversas, que me permitissem enxergar além da Apsen. Tudo isso foi muito valioso na minha trajetória, agregou demais à minha carreira e sei que trouxe resultados positivos também para as equipes que liderei. Espero que também agregue à sua jornada.

**Espero que tenha gostado deste capítulo. Para ter acesso a materiais exclusivos e outros conteúdos que preparei sobre esse tema e sempre atualizo com muito carinho, capture o QR Code aí ao lado.**

https://www.renataspallicci.com.br/sucesso-e-o-resultado-de-times-apaixonados/minha-carreira

# O sonho do SUCESSO e o novo mundo que nos desafia

## Capítulo 1

# O MUNDO BANI

Por que escolhi compartilhar com você algumas experiências, dúvidas, reflexões e descobertas? Porque precisamos urgentemente nos ajudar, aprender uns com os outros, exercitar algumas práticas em comum para melhorar o nosso mundo. Porque há tempos necessitamos alinhar nossos conhecimentos, trocar nossos saberes, pertencer e fazer jus ao ser coletivo que somos. Acredito na força do ser humano para superar desafios, sair do conflito, pensar no problema e encontrar soluções. Juntos, sempre!

É nesse sentido que me propus registrar aqui alguns caminhos facilitadores para aqueles que, como eu, não se contentam com pouco ou com teorias sem vivência, porque sabem que a vida é um imenso e intenso laboratório em constante evolução.

Só para contextualizar, cheguei ao mundo logo após um momento de grande desenvolvimento e transformação digital. Vivi a apreensão, como muitos, de ele "acabar" na virada de 1999 para 2000, mas, como sabemos, o mundo não acabou e estamos aqui. Também é fácil perceber que, ainda que não tenha acabado, aquele mundo não existe mais. Ele mudou e continua mudando a uma velocidade incrível!

Voltando ao início do século... Quando me formei, em 2003, a tecnologia estava começando a revolucionar esse mundo, algo que viria a acelerar, pelo menos aparentemente à época, os ciclos de inovação – que, vamos admitir, sempre existiram, mas na velocidade e intensidade próprias de cada tempo. Posso constatar isso de maneira fácil, apenas observando a história dos mais de 50 anos da Apsen, criada em 1969 pelos meus avós.

Quando olho para essa história, percebo uma enorme mudança de mentalidade em cada uma das gerações. Meus avós não acreditavam em mudanças de curto prazo, meu pai fez a transição de um mundo mais lento para um totalmente mutável, e eu já me desenvolvi no olho do furacão.

Bastante atenta a essas diferentes percepções de futuro – e só para ilustrar – pude assistir tanto à chegada triunfal ao Brasil da rede Blockbuster, criadora do hábito e do prazer do cinema em casa, assim como a sua derrocada, com o surpreendente e fatal ato de podermos "baixar" os filmes, quanto à chegada dos serviços de *streaming*. Assim, posso afirmar, com certa pontinha de saudosismo, que vi a ascensão e a queda dessa marca que, durante alguns anos, me encantou... Vi, com pesar, praticamente desaparecerem outras grandes como Kodak, Yahoo!, Xerox, MySpace, BlackBerry, entre tantas.

E, assim, as descobertas tecnológicas foram acelerando o tempo... Até que um moço do Vale do Silício, um tal de Steve Jobs, lançou o iPhone, que radicalizou e transformou as nossas vidas, trazendo para a palma das nossas mãos as mudanças todas que vivemos a cada minuto! Agora, sim, estamos on-line e off-line ao mesmo tempo, aqui e agora. Em uma velocidade assustadora, as redes sociais chegaram, se modificaram e, algumas, até já se foram (RIP Orkut).

## A descoberta de um novo mundo

Foi nesse mundo maluco, frenético, que eu – já com uns bons anos de trajetória profissional, com dez anos de graduada em Engenharia Química, pós-graduada em Administração, com vários cursos de Gestão e Liderança – descobri, naquele 2013, que estávamos vivendo o mundo Vuca, termo acrônimo das palavras inglesas *Volatility*, *Uncertainty*, *Complexity* e *Ambiguity*. A expressão surgiu no final dos anos 1980, nos Estados Unidos, criada pelo U. S. Army War College, para descrever o cenário do mundo pós-Guerra Fria.[1]

---

[1] CAMARGO, R. F. BANI versus VUCA: uma nova sigla para descrever o mundo. **Glicfas**, 16 dez. 2020. Disponível em: https://glicfas.com.br/bani-versus-vuca-uma-nova-sigla-para-descrever-o-mundo/. Acesso em: 17 jun. 2021.

Pois é, oito anos atrás eu me encontrava exatamente ali, em um momento espesso de Volatilidade, Incerteza, Complexidade e Ambiguidade (tradução de Vuca), tentando aprender com o meu então recente papel, aos 32 anos, de diretora-executiva na Apsen Farmacêutica, uma empresa em franca transformação.

Naquele momento, compreendi quanto era necessário entender o conceito Vuca, pois ele nos mostrava onde estávamos e para onde íamos – ou correríamos o risco de ir – se não apreendêssemos também rapidamente o que acontecia à nossa volta.

Porém, em dez anos, o mundo passou por uma mudança tão radical que começamos a nos questionar: será que o conceito Vuca ainda seria suficiente para dar sentido a este mundo, em seu estado atual, ou para descobrir possíveis cenários futuros? Ou, em outras palavras, o ambiente Vuca evoluiu para um cenário diferente que exige uma nova terminologia, uma nova linguagem para explicar o mundo transformado?

A resposta era sim! Sim, o mundo Vuca evoluiu para o mundo Bani (do inglês *Brittle*, *Anxious*, *Nonlinear* e *Incomprehensible*) – já traduzindo: Frágil, Ansioso, Não linear e Incompreensível.

Criada em 2018 pelo antropólogo norte-americano Jamais Cascio, a expressão Bani ganhou força com a aceleração da transformação digital gerada pela pandemia.[2] E é claro que tudo ficou ainda mais desafiador! O que costumava ser volátil deixou de ser confiável e se tornou frágil. As pessoas não se sentem mais apenas inseguras, estão ansiosas. As situações não são mais apenas complexas; em vez disso, obedecem a sistemas lógicos não lineares. O que costumava ser ambíguo parece agora incompreensível. Nosso cérebro não conseguiu acompanhar a quantidade e a rapidez das mudanças. Assim, nós nos

---

[2] LISBOA, P. Do mundo VUCA para o mundo BANI. **Pati Lisboa**, 4 fev. 2021. Disponível em: https://patilisboa.com.br/do-mundo-vuca-para-o-mundo-bani/. Acesso em: 17 jun. 2021.

vimos sem referências de como fazer as projeções para nossos negócios e nossas carreiras e até mesmo planos pessoais. Assistimos a tudo o que aprendemos nas escolas de negócios ruir e vimos ainda grandes gurus sem respostas para esse novo mundo.

Agora, diante de tal constatação, pense um pouco: se estava difícil gerir uma empresa cada vez mais complexa em um mundo Volátil, Incerto, Complexo e Ambíguo, imagine hoje no mundo Bani: Frágil, Ansioso, Não linear e Incompreensível...

Esse novo conceito está aí para amparar o nosso entendimento da realidade. Como reflete Klaus Schwab, do Fórum Econômico Mundial, o mundo Bani surge para comprovar que estamos de fato vivenciando a Quarta Revolução Industrial, a mais impactante das revoluções.

> Uma mudança histórica em termos de tamanho, velocidade e escopo, porque estamos vivendo, trabalhando e nos relacionando de maneira síncrona e até agora inexistente, desde o início dos tempos. A era digital significa ter acesso a uma internet muito mais onipresente e móvel, a introdução de sensores cada vez menores, mais poderosos e acessíveis, além da inteligência artificial e as *machines learning*.[3]

Isso tudo comprova que a tecnologia reinventa o mundo a cada minuto, e nesse mundo não cabem corporações inflexíveis e, muito menos, como reforça Schwab, líderes paralisados na maneira de operar seus negócios e gerenciar seus talentos.

A quantidade de informações disponíveis é assustadora, e o que parecia mais simples há algum tempo, hoje, oferece milhares de possibilidades. Basta analisar a jornada de um cliente no passado: as marcas

---

[3] SCHWAB, K. **A quarta Revolução Industrial.** São Paulo: Edipro, 2018. p. 160.

> **Acredito na força do ser humano para superar desafios, sair do conflito, pensar no problema e encontrar soluções. Juntos, sempre!**

bem-sucedidas divulgavam seus produtos em veículos de massa, pois impactariam muitas pessoas, e um elevado percentual seria seduzido pelos apelos de marketing e compraria o produto em uma loja física.

Atualmente, as marcas precisam escutar seus clientes para desenvolver produtos que atendam às necessidades deles, fazem propaganda em diversos veículos, especialmente digitais. A jornada do cliente ficou extremamente complexa, você luta todo o tempo pela atenção dele, já que ele é impactado também pelos concorrentes enquanto toma a decisão de compra. E ainda há muitas maneiras de comprar, das lojas físicas às opções on-line.

Analisando a experiência *omni-channel* dos clientes, o Walmart desenvolveu um aplicativo de compras on-line que detecta automaticamente quando os clientes abrem o aplicativo na loja. Desse modo, descobriram que 12% de suas vendas on-line eram oriundas de clientes que compravam no Walmart.com enquanto estavam ainda nos corredores das lojas.

Imagine o quão não linear se torna essa jornada do cliente a cada dia que novas tecnologias são implementadas? Soma-se a isso o fato de hoje as pessoas terem voz e estarem cobrando as empresas por se alinharem a certas causas, como meio ambiente, social e governança (ou ESG – *Environmental, Social and Corporate Governance*), que engloba questões éticas e de diversidade e inclusão.

Já era de se esperar que um mundo ambíguo, polarizado, sensibilizado pelas constantes mudanças e incertezas se tornaria incompreensível, agora junte a todo esse cenário a pandemia que potencializou cada uma dessas transições.

## O mundo Vuca × o mundo Bani

Para compreender um pouco mais a fundo o mundo atual – que explica melhor o que estamos vivemos –, vamos comparar modos de pensar no mundo Vuca com ações bem prováveis no mundo Bani.

Ser demitido, ficar pensando o porquê disso ter acontecido e tentar remoer cada momento da demissão é Vuca. Ser demitido e imediatamente sair reforçando seu *networking*, pensar em formas de arrumar novos meios de renda – *não* necessariamente um novo emprego –, pensar em planos para algum novo empreendimento ou até mesmo mudar de área de atuação é Bani.

Sua empresa faliu? Ficar buscando culpados, como o governo, a carga tributária ou os funcionários é Vuca. Aproveitar o que sobrou da empresa para tentar arrecadar recursos, buscar novas parcerias e voltar rápido para o mercado é Bani.

Ficar esperando a empresa lhe dar oportunidades de crescimento ou lhe patrocinar cursos é Vuca. Investir no seu autodesenvolvimento, construir oportunidades na empresa, até mesmo em outras áreas, ou ainda pensar em um negócio próprio é Bani.

Estou insistindo no entendimento de o que é o mundo Bani exatamente por entender que o perigo da estagnação e da eterna perplexidade segue rondando pequenas e médias empresas. Esse risco é ainda maior para aquelas organizações que, em um estado quase contemplativo, permanecem apreciando a mudança, enquanto ela está em plena e constante rotação. E, quando se dão conta… pronto, acabou de mudar novamente.

Então, sigamos um pouco mais com nossa tarefa de ilustrar o que é Bani:[4]

No mundo Bani, o espaço é fluido e volátil. Esqueça aquele escritório com sua mesa fixa e gaveta com seus pertences.

---

[4] ROITMAN, A. Acabou o mundo VUCA. Conheça o mundo BANI. **Voicers**, 2017. Disponível em: https://www.voicers.com.br/acabou-o-mundo-vuca-conheca-o-mundo-bani/. Acesso em: 14 fev. 2021.

"Investir no seu autodesenvolvimento, construir oportunidades na empresa, até mesmo em outras áreas, ou ainda pensar em um negócio próprio é Bani."

As margens de erro do mundo Bani são cada vez maiores. Por isso, o ideal é começar diversas ações ao mesmo tempo, testar rápido, corrigir rápido e repetir a operação. Abandonar as que não funcionam, incluir novas alternativas e continuar inovando sempre.

A nossa questão não é mais simplesmente tecnológica. O ser humano é Bani. As empresas não podem mais ser Vuca.

A codificação é um bom exemplo do "incompreensível" no Bani. Por exemplo, o *software* pode funcionar apenas com um determinado tipo de linha de código que aparentemente não serve a nenhum propósito ou funciona em qualquer lógica de codificação. No entanto, excluir uma única linha desse código tornará o *software* inútil. Pode ser um clichê dos programadores, mas ilustra bem o termo "incompreensibilidade".

Curiosamente, ter mais informações e dados disponíveis também não significa encontrar uma resposta. Junto com sinais potencialmente valiosos, o ruído também aumenta. Ao mesmo tempo, nossa capacidade de entender o mundo permanece a mesma. Portanto, mais informações podem apenas sobrecarregar nossa capacidade de pensamento.

## Estatísticas comprovam a necessidade de uma nova estrutura

À primeira vista, essas observações podem lançar uma luz devastadora sobre o antigo mundo Vuca. Pode-se considerar Bani um ponto de vista bastante distópico, até apocalíptico. Trabalhar no campo de cenários futuros sempre traz o risco de imagens do "fim do mundo". Entretanto, o Bani oferece uma estrutura produtiva: para voltar a dar sentido ao mundo; para compreender melhor as ligações entre causa e efeito; para encontrar uma estrutura estável para determinar o que está acontecendo no mundo. Como tal, cada letra da sigla também sugere opções viáveis para responder aos nossos desafios atuais:

- Se algo é frágil, requer capacidade e resiliência;
- Se algo nos faz sentir ansiosos, precisamos de empatia e atenção plena;
- Se algo é não linear, exige contexto e adaptabilidade;
- Se algo é incompreensível, exige transparência e intuição.

## Uma porta para o futuro

Obviamente, essas são reações e não soluções para qualquer problema. Mas isso indica que os problemas podem ser resolvidos em algum momento, apesar da ansiedade que sentimos de modo tão profundo. Claramente, deixamos o mundo Vuca e entramos em um novo nível ou fase (Bani):[5]

Uma fase repleta de processos dos quais ainda não sabemos os resultados completos. Tudo em que confiamos está sujeito a mudanças, sejam sistemas comerciais, de informação, ou até mesmo a forma como a sociedade se organiza.

Com o Bani, temos uma nova forma de descrever o cenário que vivemos e, consequentemente, precisamos de novas abordagens. Está aí a chance a ser aproveitada!

Por isso, agora que você sabe ou pode imaginar a força e a velocidade com que tudo está mudando, em vez de se seduzir ou se assustar com essa mudança, eu lhe sugiro: aproveite!

---

[5] CONCEITO BANI: ressignificando o mundo. **IBE**, 22 fev. 2021. Disponível em: https://www.ibe.edu.br/conceito-bani-ressignificando-o-mundo/. Acesso em: 17 jun. 2021.

Essa é uma grande oportunidade para cada pessoa, para cada empresa, para cada profissional... até para as startups, pois é um desafio constante nos mantermos atualizados e planejarmos o futuro, sem perdermos ainda mais a capacidade de execução do presente.

A pluralidade de possibilidades e a miscigenação de públicos para gerirmos em nossas empresas e para atendermos com nossos produtos é gigantesca. E é preciso entender que isso não é um problema, mas uma dádiva, pois a diversidade é necessária para o crescimento de qualquer negócio. Um time diverso potencializa muito a criatividade e cria melhores produtos e serviços.

É urgente que a cabeça e o coração estejam abertos para garantir o nosso sucesso e o sucesso de nossas empresas. E é isso o que nos leva ao próximo capítulo: precisamos aprender a desaprender. Vamos mergulhar nisso, afinal, muito provavelmente, tudo o que aprendemos até hoje já estará velho amanhã!

**Espero que tenha gostado deste capítulo. Para ter acesso a materiais exclusivos e outros conteúdos que preparei sobre esse tema e sempre atualizo com muito carinho, capture o QR Code aí ao lado.**

https://www.renataspallicci.com.br/sucesso-e-o-resultado-de-times-apaixonados/o-mundo-bani

# Capítulo 2

# APRENDA
## A DESAPRENDER

Vamos ao mergulho?

Então, respire fundo para buscar o novo, ou até, minimamente, acompanhar as mudanças. Aliás, para você ter uma ideia da velocidade com que elas vêm ocorrendo, o volume de dados criado em apenas dois anos – de 2014 a 2016 – foi maior do que a quantidade produzida em toda a história da humanidade.[6]

Isso é a comprovação de que vivemos em um mundo Bani que nos surpreende a cada minuto por ser Frágil, Ansioso, Não linear e Incompreensível, que vem trazendo mais e mais tecnologias disruptivas e transformando os mercados.

Posso dar meu testemunho sobre um deles – o mercado da saúde – que vive agora uma intensa transformação, coisa que até pouco tempo parecia impossível, porque havia centenas de anos esse setor não mudava.

A intensificação das novidades tecnológicas, aceleradas pela pandemia, vem transformando o relacionamento com médicos e pacientes, por exemplo. E quem trabalha para e com a saúde precisa entender esse processo.

Imagine o impacto que teremos na saúde se Ray Kurzweil, da Singularity University, estiver certo ao afirmar que quem chegar com boa saúde em 2050 terá grandes chances de comprar sua passagem para a vida eterna.[7]

Pensando em dilemas da longevidade, quantos mercados emergirão para cuidar da nossa saúde até lá? Quantas carreiras poderemos ter ao longo de uma vida tão longínqua? Quantos novos dilemas sociais, éticos e até espirituais surgirão nessa jornada?

---

[6] MARTINS, T. Dados da internet 2016 no Brasil e no mundo. **Administradores**, 2016. Disponível em: https://administradores.com.br/artigos/dados-da-internet-2016-no-brasil-e-no-mundo/. Acesso em: 12 maio 2021.

[7] GENESINI, S. A morte da morte e o efeito em nossas vidas. **Exame**, 2017. Disponível em: https://exame.com/blog/silvio-genesini/a-morte-da-morte-e-o-efeito-em-nossas-vidas/. Acesso em: 12 maio 2021.

Ao viver e lidar com essas mudanças aceleradas, temos que nos preparar para desaprender todos os dias; para limpar a mente, permitindo, assim, que ela possa receber informações novas.

## Os modelos vencedores de antes não são sinônimos de sucesso agora

Estar aberto às mudanças pode ser um bom começo para o desaprendizado. Vivi isso na pele.

Fiz faculdade de Engenharia Química, cursei pós-graduação em finanças com ênfase em Contabilidade e meu modelo de gestão era muito pautado pela minha experiência na Apsen, onde eu estava desde 2003.

Mas, em 2015, a primeira grande oportunidade de desaprender chegou. Quando estava concluindo o meu MBA para CEO na Fundação Getulio Vargas (FGV), tive que desaprender muita coisa para poder reaprender um modelo de gestão até então inédito para mim, mas que se fazia necessário para os novos desafios da Apsen.

O ambiente e a diversidade da minha turma facilitavam muito as trocas. Havia desde empresários fundadores, executivos de empresas querendo se reinventar, até as terceiras gerações atuantes nos negócios da família, como eu. Foi incrível conviver com aqueles profissionais que viviam dilemas semelhantes aos meus e principalmente as mesmas dores. Minha cabeça se abriu de verdade!

Foi ali, naquela ocasião, que passei a enxergar o mundo organizacional de outra maneira. Foi quando percebi a necessidade de ter uma visão de futuro forte o suficiente para engajar nosso time a batalhar com todas as forças.

Colocamos o nosso sonho no papel e passamos alguns meses debruçados e dedicados a mapear como poderíamos chegar lá. Queríamos dobrar de tamanho em cinco anos e chegar à marca do 1 bilhão de reais de faturamento. Era ousado, desafiador e movia o coração de todos. Estávamos no caminho certo!

Implantar na prática conceitos como: desafios às equipes, meritocracia, remuneração variável e, especialmente, o modelo de gestão com uma inteligência de negócios muito estruturada foi um exercício grandioso e necessário. Era preciso mudar. E aquela era a hora certa!

Outra boa lembrança desse tempo foi poder contar com a amizade de um mestre como Maércio Rezende, autor do livro *Juntando as peças: liderança na prática*. Com sua obra e seus ensinamentos em classe, durante o MBA, Maércio me inspirou muito a encontrar respostas sobre como gerir uma empresa que se tornava cada dia maior e mais complexa.

Nesse exercício contínuo de desconstrução e aprendizagem, o líder precisa ter coragem, paciência e perseverança, absorvendo informações novas, adaptando-se e, muitas vezes, tendo que implodir resistências e desestabilizar o próprio negócio para assegurar avanços.

## A paixão pelo digital, pela criatividade e muita inspiração: tudo isso impulsiona o aprendizado

Não nasci, como os bebês de hoje, mergulhada no mundo digital, com os dedinhos lépidos mexendo nas telas *touch* do celular. Entretanto, já na adolescência comecei a conviver com a tecnologia dos computadores. E sempre tive vontade de estudar, conhecer, aprender e me aventurar pelo digital. Por isso, costumo dizer que não sou uma nativa digital, mas uma entusiasta dele.

Compartilho aqui com você um pensamento que ecoa dentro de mim desde a primeira vez que o li. Confesso que, vez por outra, gosto de voltar a ele: "Hoje, se você não estiver causando a sua própria disrupção, alguém estará; seu destino é ser o 'disruptor' ou o 'disruptado'. Não há meios termos".[8]

Segundo os autores dessa afirmação, ressignificar as possibilidades já encontradas, explorar o desconhecido e dominar novas ferramentas e novos modelos é o que todos precisamos. E eu também acredito nisso.

Foi a partir de *insights* como esse que, em 2020, a Apsen conquistou o segundo lugar na 44ª edição do Prêmio Lupa de Ouro, que reconhece os melhores profissionais e projetos de marketing da indústria farmacêutica, na categoria digital. Fomos destaque em várias categorias, mas alegrou-nos, de maneira especial, essa conquista do nosso projeto digital. Sem dúvida, uma grande vitória para uma ação que está completando seu primeiro ano. Tenho certeza de que, aprendendo, sempre alcançaremos os lugares mais altos do pódio nessa premiação e também outros reconhecimentos do nosso trabalho no digital.

## Devemos nos abrir para a inspiração e para a criatividade

Os números provam que já estamos ligados. Para você ter uma ideia, a edição 2020 do infográfico *Data Never Sleeps* [Dados nunca dormem],[9] da Domo – empresa especializada em computação na nuvem –, revela dados surpreendentes que, aliás, mudam a cada minuto:

---

[8] ISMAIL, S.; VAN GEES, Y.; MALONE, M. S. **Organizações exponenciais:** por que elas são 10 vezes melhores, mais rápidas e mais baratas que a sua (e o que fazer a respeito). São Paulo: Alta Books, 2018. p. 359.

[9] DATA Never Sleeps 8.0. **Domo**, 2020. Disponível em: https://www.domo.com/learn/data-never-sleeps-8/. Acesso em: 12 maio 2021.

- 347 mil novos Stories são postados no Instagram;
- 147 mil fotos são publicadas no Facebook;
- 41 milhões de mensagens são trocadas no WhatsApp;
- 208 mil pessoas participam em conferências pelo Zoom;
- 2.704 instalações do TikTok são realizadas em novos dispositivos.

Refletindo sobre esses dados, trago mais uma interrogação e algumas afirmações de Cassio Grinberg: "Por que nos recusamos a aceitar que o futuro não vem do passado, e sim do que estamos construindo?" Talvez, como ele deduz, ao melhor estilo socrático, a resposta esteja em finalmente compreendermos que "não termos tantas certezas é a única chance de sermos surpreendidos ou de surpreendermos alguém".[10]

Grinberg vai além e nos provoca a quebrar paradigmas aceitos como sensatos, citando a filosofia da Disney de valorizar a criatividade: "Se você acha que sua lógica o está afastando de uma boa ideia, primeiro você deve questionar a lógica, e apenas depois, a ideia".

É bom parar e deixar virem nossas respostas para essas reflexões, concorda? Ou melhor, parar não seria o ideal, pois caminhar aumenta em até 60% a capacidade criativa das pessoas, segundo estudos da Universidade de Stanford. Eu adoro. Então, vamos?

Devemos também meditar! Estudo do *Frontiers in Psychology* afirma que essa prática garante que podemos nos sair melhores na hora de gerar ideias.

Isso mesmo: caminhar, meditar e... devanear. Que tal?

Sim, os devaneios também nos ajudam a consolidar memórias e a melhorar nossa capacidade de decisão a longo prazo, o que fortalece

---

[10] GRINBERG, C. **Desaprenda:** como se abrir para o novo pode nos levar mais longe. Caxias do Sul: Belas Letras, 2019. p. 192.

> Estar aberto às mudanças pode ser um bom começo para o desaprendizado.

nossa paciência e enfraquece nossa impulsividade, segundo estudo da *PubMed*, citado em um artigo de Romario Verbran.[11]

Tudo isso nos impulsiona a ter coragem para aplicar o tal desaprendizado. E aqui faço um alerta: ainda que isso nos pareça um tanto desconfortável – pois desaprender pode nos passar um sentimento de perda, de retrocesso, de que passamos de competentes a incompetentes –, esse é o único caminho viável para continuarmos competitivos e relevantes no mercado.

Para estimular a criatividade, temos que sair da zona de conforto. Promover a mudança consciente de alguns hábitos pode ajudar a estimular novos caminhos neurais: faça outro trajeto para o trabalho, mude o seu computador de lugar (se possível), tome banho em outro horário que não seja o de costume, troque o relógio de pulso, vá a lugares aos quais você nunca pensou ir, leia sobre assuntos que não fazem parte do seu mundo, imagine algo novo diariamente, faça diferente. A nossa capacidade de enxergar além do mesmo é ampliada quando a nossa mente sai do padrão.

O processo criativo se dá assim: descobrindo novas alternativas para encontrar soluções.

Rotina? Eu sou entusiasta de rotinas, mas desafie a sua, diversifique e abra espaço para o novo.

Saber ouvir sugestões, conselhos e críticas, aprender com a experiência do outro também são maneiras de ampliar a sua visão. Não à toa, estou aqui dividindo com você minhas leituras, meus interesses, minhas descobertas.

Agora, uma dica quentíssima: relaxar e esvaziar a mente é muito bom também! Nosso cérebro precisa descansar.

---

[11] VERBRAN, R. Como aumentar sua criatividade com 12 hábitos fáceis. **Temporal Cerebral**, 31 ago. 2017. Disponível em: https://temporalcerebral.com.br/aumentar-criatividade-habitos/. Acesso em: 2 mar. 2021.

## Mudanças que daqui a pouco vão revolucionar nosso dia a dia

Desaprender é inspirar-se para criar, é mudar, é transformar. Tenho certeza de que isso aconteceu com a maioria dos criadores de avanços fantásticos. Não sem antes, é claro, quebrarem muitos paradigmas. Pode até parecer inacreditável, mas não é. Veja alguns:[12]

- Até 2024, a criação de órgãos humanos por meio de impressoras 3D especiais deve se tornar realidade. Espera-se que ocorra nos próximos seis anos a impressão de ossos e até de um fígado;
- Sabe os óculos que você utiliza para ler? Pois a estimativa é que 10% deles estejam conectados à internet até 2023. Entre os recursos que esses acessórios trarão, podemos citar experiências de realidade virtual e realidade aumentada;
- Estima-se que 80% da população mundial – o que representará 6,4 bilhões de pessoas em 2024 – terão uma identidade digital;
- A capacidade de processamento de um smartphone é hoje muitas vezes superior à dos computadores que foram responsáveis por levar o homem à Lua. O poder dos dispositivos que temos no bolso já é equivalente ao de muitos desktops e notebooks. Se tudo seguir nesse ritmo, em meados de 2023, pelo menos 90% da população terá em mãos um dispositivo com poder de processamento equivalente ao de um supercomputador de 2018.

---

[12] AHMAD, I. 21 technology tipping points we will reach by 2030 [Infographic]. **Social Media Today**, 10 maio 2018. Disponível em: https://www.socialmediatoday.com/news/21-technology-tipping-points-we-will-reach-by-2030-infographic/523221/. Acesso em: 12 maio 2021.

Quando aponto para esses avanços, não é para nos assustar. É para que reflitamos sobre quanto não podemos estagnar e quanto temos que nos atentar às mudanças. Precisamos estar dispostos a mudar para inovar, para fazer sempre melhor.

> **Espero que tenha gostado deste capítulo. Para ter acesso a materiais exclusivos e outros conteúdos que preparei sobre esse tema e sempre atualizo com muito carinho, capture o QR Code aí ao lado.**
>
>
>
> https://www.renataspallicci.com.br/sucesso-e-o-resultado-de-times-apaixonados/aprenda-a-desaprender

## Capítulo 3

# FOQUE
## AS PESSOAS,
# ACERTE
## OS NÚMEROS

Qual o segredo da Apsen? Essa é a minha reflexão diária. Ao longo dos anos, fui entendendo que as pessoas são a essência do nosso aprendizado, do nosso crescimento, do nosso sucesso. Uma premissa do trabalho de Renato Spallicci, presidente da Apsen, meu pai, com quem aprendi e ainda aprendo muito: olhar e sentir as pessoas. Desde novinha, quando ia brincar no Controle de Qualidade da empresa, pude observar isso. Aliás, foi ali que decidi fazer Engenharia Química, quase que por osmose.

Entretanto, o que penso ser interessante mesmo lembrar é do começo da minha história na empresa. Em julho de 2003, fui à primeira convenção da Apsen como *trainee*, sem o meu pai saber. A ideia era lhe fazer uma surpresa – e que surpresa! A certa altura do evento, saí de trás do telão, já com uniforme da empresa, como que assumindo o papel que me cabia: o de construir uma carreira na Apsen.

Depois daquele impacto e da emoção causada em meu pai e no ambiente, só me restava observar aquele evento com olhos de aprendiz. E assim começou a minha jornada de observadora. Pude ver como meu pai era capaz de entender a essência daquelas pessoas e conectar o coração de cada um que estava ali, alinhando o sonho delas ao sonho da Apsen. Isso me encantou.

Aquela convenção de 2003 marcou minha trajetória e o desenvolvimento do meu olhar sobre as pessoas. Ali fui conectada aos nossos colaboradores para sempre. Descobri que não existe outro caminho que nos conduza, como empresa, ao nosso propósito maior: cuidar das pessoas. Mas, sem dúvida, a maior e mais importante descoberta foi saber o que estava por trás da grandiosidade desse propósito: antes de mais nada, era preciso cuidar das nossas pessoas, dos nossos colaboradores.

São eles que estudam, desenvolvem, fabricam, vendem, realizam os processos administrativos, a tecnologia, a cadeia de fornecimento para finalmente o produto salvar ou curar a vida de alguém. "Simples assim" certamente não é a expressão apropriada aqui. Em vez disso, proponho: "eles são tudo". Afinal, é essa a realidade: são eles que fazem tudo o que é preciso para a Nação Azul, como gostamos de nos chamar na Apsen, acontecer e cumprir seu propósito!

## Nosso compromisso maior é com a nossa gente, com a nossa Nação Azul

Fazer as nossas pessoas felizes, engajadas, participativas; perceber que os filhos de nossos colaboradores também sonham com a Apsen, já que crescem vendo a realização de seu pai ou sua mãe na Nação Azul – e hoje muitos filhos de colaboradores realizam seus sonhos trabalhando na Apsen – é, com certeza, uma das nossas maiores conquistas.

Vale lembrar aqui um exemplo desse nosso jeito continuado de ser.

Há alguns anos, minha mãe dava aula de pintura na Apsen para os filhos dos colaboradores. Uma dessas crianças era a Letícia Ribeiro, nossa querida Lelê. Ela acabou "pintando" a sua profissão desde aquela ocasião. Hoje, essa nossa jovem gerente vem esbanjando talento e realizando feitos incríveis na área de comunicação e digital.

Essa maneira de acompanhar a história de vida e zelar pelo bem-estar dos colaboradores é o que alimenta o sucesso da Apsen. Tenho cada vez mais certeza. Pode parecer piegas, mas ajudar nos momentos mais difíceis, estimular, estar junto, fazer parte, ver as pessoas construindo suas vidas e seus sonhos a partir do trabalho na Apsen é o que nos motiva e nos conduz ao sucesso. Eu, de verdade, acredito.

Acredito tanto que resolvi compartilhar essa experiência, motivo real deste livro. A cada capítulo, você vai perceber algumas referências que trago da minha trajetória, dos meus estudos e aprendizados, do meu papel como líder e gestora, e também por meio da própria dimensão e ordem dos assuntos. Tenho certeza de que o modo como ordenei as informações ajudará você a absorver o melhor de tudo o que aprendi e apliquei na minha carreira. Vou lhe explicar direitinho como organizei o que desejo compartilhar com você na segunda parte do livro.

Em Atualize-se, reforço veemente a importância de estarmos sempre atualizados e fomento diversas maneiras de renovar seu arsenal de conhecimentos e saberes para potencializar seus negócios e inspirar sua equipe.

Cuide e Materialize a cultura organizacional como o maior bem do seu negócio, seu grande diferencial competitivo, o sentido de existência da sua organização. Certifique-se de materializar sua cultura organizacional, no sentido de decodificar e disseminar para o seu público interno especialmente, mas também para o externo, o que move sua empresa, qual seu propósito, como é o jeito de fazer as coisas e de lidar com os problemas e desafios da organização. Quais são seus comportamentos e como se organizam enquanto time de trabalho, qual é a sua fórmula de sucesso e o seu modelo de gestão e de negócios. Tudo isso faz parte da cultura organizacional e precisa ser cuidado, observado e administrado no dia a dia dos seus negócios. Não negligencie isso.

Inspire! Para ser um líder é preciso se autoconhecer. E para se autoconhecer é preciso estudar. Coloquei nesse capítulo muito do que aprendi lendo e refletindo. Trouxe algumas maneiras de identificação de um líder – para que você possa se reconhecer ou encontrar o líder em você e como exercer a liderança junto à sua equipe –, de como aceitar as diferenças, incluir, respeitar os limites, conectar e sonhar junto. Também apresentei alguns exemplos de homens e mulheres íntegros que certamente servirão de inspiração em qualquer cenário.

Uma das maneiras de fortalecer sua cultura e inspirar tanto seus colaboradores quanto seus clientes, parceiros e fornecedores é investir em Diversidade e inclusão. O assunto está em alta, movimentos mundiais têm incentivado a discussão do assunto e cuidado de perto. Desde que comecei a estudar sobre o tema, eu me apaixonei e o considero fundamental para o sucesso de qualquer negócio daqui para frente. Temos responsabilidades sociais de reparação cultural relacionados à diversidade e inclusão, mas acima de tudo mostro o quão estratégico isso é para os seus negócios. Investir em diversidade e inclusão – chamo atenção para esses dois aspectos indissolúveis (que sempre devem ser entendidos juntos!) – traz retorno financeiro e de reputação para sua empresa.

Também temos inúmeras reflexões interessantes em **Forme o time certo e remunere muito bem**, que condensa um pouco da minha experiência na Apsen com a necessidade de se praticar a disrupção diante de conceitos antigos sobre os critérios de contratação e permanência de colaboradores. Falo bastante das startups, de reconhecer e formar talentos. E claro, da ferramenta que devemos saber usar para ter um time de alta performance – e a remuneração ocupa um lugar relevante para se conseguir isso.

Um capítulo especial destaca uma prática essencial: **Confie no time**. Ah, como isso tem que ser recíproco, você nem imagina! Existem prerrogativas infalíveis para se confiar nos talentos, nas pessoas, na capacidade de entrega delas, mas é uma via de mão dupla: também tem que acontecer dos colaboradores para os gestores. Apresentei exemplos de grandes corporações sobre essa questão, mas como também desenvolvemos e praticamos esse valor na Apsen, fiz questão de adicionar essa experiência e o alcance disso para além dos nossos colaboradores. Isso deve transparecer em nossas relações, transcendendo o ambiente interno. Trago também números reveladores, tratando-se de Brasil.

**Acabe com os ladrões de tempo**. Na ansiedade de fazer "render" o tempo, acabamos por perdê-lo – essa é uma boa síntese desse capítulo. Processos mal desenhados são determinantes para que haja

> Tenho certeza de que o modo como ordenei as informações ajudará você a absorver o melhor de tudo que aprendi e apliquei na minha carreira.

desperdício de tempo, então contribuo com esse tema apresentando um passo a passo para o seu *checklist*. Alinhamentos e regras (algumas até podem ser quebradas) precisam acontecer. Entraves burocráticos? Precisamos reconhecê-los. Não vai ser difícil reconhecer algumas práticas desnecessárias, você vai ver.

**Desafie o futuro.** Aqui também a disrupção é importante – e como! É preciso romper com padrões estabelecidos que nos impedem de ir para a frente. É preciso saber elaborar e executar um planejamento estratégico, inovar e controlar o fluxo de caixa. O futuro está aí, o tempo todo, ensinando-nos a mudar o presente, o que significa que planejamento estratégico deve acontecer continuamente. Investir em tecnologia? Sim, claro. Mas em conhecimento e em resiliência também, porque o Brasil passa por um momento especialmente difícil, e não podemos perder a capacidade de avançar e querer fazer melhor.

**Mensure o Índice de Desenvolvimento Humano (IDH).** A gente não pode falar em futuro e em sonhar junto sem pensar no bem-estar das pessoas. Os colaboradores são o nosso maior bem. Sem cuidar deles e de tudo o que lhes diz respeito, alcançar qualquer tipo de sucesso é impossível. Treinamento e desenvolvimento é investimento fundamental. Referências internacionais de medição não poderiam faltar nesse capítulo. Nele, volto a falar de remuneração, pois ela é essencial aqui também.

**Conecte sonhos.** Adoro falar de conexão e vocês vão sentir isso no decorrer de toda a leitura. Mas, nesse capítulo, a Apsen ganhou espaço e nomes. Trouxe vários depoimentos importantes que são a prova daquilo que o meu pai me ensinou: sonhar junto é bem melhor do que sonhar sozinho. No entanto, precisamos entender os sonhos particulares dos nossos colaboradores, além de conectar os sonhos individuais de cada um deles com o grande sonho da empresa.

*Do it again.* Aqui estamos indo em frente, porque quem fica parado é poste, não é verdade? A gente tem que seguir mudando, revendo, refazendo, acolhendo novas formas de trabalhar (como o *home office*, tão necessário nos últimos tempos), mantendo a qualidade, a melhoria contínua e o desenvolvimento das pessoas. Gestão, Recursos Humanos (RH) e processos são pontos nevrálgicos e eles estão expostos de modo a ajudá-lo a superar desafios.

Esse caminho rico de estudos, conjecturas, exemplos pesquisados, reflexões e disrupções me move e tem movido também os colaboradores da Apsen, que encaram os desafios, compram e cumprem as metas estabelecidas. Devido a essa motivação, dobramos de tamanho de 2015 a 2020, e vamos dobrar novamente nos próximos cinco anos. Para você ter uma ideia, em 2020 alcançamos 20,2% de crescimento, ou seja, crescemos mais do que o dobro do mercado farmacêutico. Esse resultado é fruto do trabalho de cada integrante da Nação Azul. E no último YTD (*Year to date*, traduzindo o termo: do começo do ano até hoje) base julho (enquanto finalizo a revisão deste livro) crescemos 26,4%.

É possível que exista para você também um lugar tão sonhado e realizado; basta que você tenha verdadeira intenção de alcançá-lo e um método a seguir. Talvez este livro possa ajudá-lo a descobrir que só há uma maneira de ter sucesso como gestor e, consequentemente, com a sua empresa: foque as pessoas e acerte os números!

Boa sorte para você, em qualquer que seja sua empreitada.

**Espero que tenha gostado deste capítulo. Para ter acesso a materiais exclusivos e outros conteúdos que preparei sobre esse tema e sempre atualizo com muito carinho, capture o QR Code aí ao lado.**

https://www.renataspallicci.com.br/sucesso-e-o-resultado-de-times-apaixonados/foque-as-pessoas-e-acerte-os-numeros

# Parte 2

# Conectando
## OS SONHOS
# na prática

**Capítulo 4**

# ATUALIZE-SE

Viver no mundo Bani traz suas exigências, é importante reconhecer. Hoje, estar conectado com as pessoas certas, no momento certo, e colocar o time para buscar as novidades é imprescindível. Mas, para tanto, precisamos nos preparar. Ou melhor, precisamos estar o tempo todo preparados para o novo. Eu me pergunto, diariamente, se de fato estou fazendo isso.

Sei que para me atualizar é necessário estar atenta. Sem me angustiar, faço o meu melhor para não esmorecer nesse quesito. E você também pode agir assim. Aliás, ao ler este livro, de certo modo, você já está fazendo isso.

O que tenho prazer em compartilhar agora são algumas crenças adquiridas a partir de experiências que vivi, um pouco do que observei nas minhas leituras sobre a vida e o pensamento de algumas pessoas que eu "persigo" porque acredito na força das suas atitudes e realizações. Afinal, sou fiel à máxima do atualize-se!

## Pensando no que fazemos e no que precisamos fazer

Já que estamos na era da convergência tecnológica, dificilmente vamos escapar de falar nela e dela. Cada um de nós tem um olhar específico, uma preferência de canal digital, uma maneira com a qual se sente mais confortável para navegar. Contudo, um mix de saberes, de modos de absorver conteúdo é o que realmente enriquece.

Aliás, ter um *networking* ativo é mais do que estar conectado. É nutrir e estar presente em uma rede de discussão, lembre-se disso.

Se queremos entender onde estamos, é básico buscar mentores nas áreas em que se tem mais deficiência (especialmente quando se trata de tecnologia). Comece, o quanto antes, a pesquisar em que área você está precisando de um.

Ler é fundamental, não dá pra abrir mão disso. Aproveito para abrir um parêntese e falar do meu exemplo maior em relação a leitura: aprendi a ter esse hábito com meu pai, em quem reconheço um leitor voraz, dedicado, inspirador, um autodidata. Cresci vendo esse homem brilhante ler, ler, ler. Essa, aliás, é uma grande meta da minha vida, chegar ao volume que ele já leu, com a concentração que ele lê e com a absorção de conteúdo que ele consegue ter.

Ler sobre diferentes assuntos e buscar referências nos grandes líderes (Bill Gates sempre enumera o que está lendo, faça uma rápida pesquisa na internet e você vai ver!) é um vício e uma dica.

Cursos, palestras, webnários, fóruns de discussão sobram nas redes. Então, em vez de ser apenas um *voyeur* na telinha, inspire-se. Até ficar de olho em apresentações sobre o mercado vale a pena. Já comentei sobre o meu MBA para CEO na FGV e repito: encontrar pessoas na mesma posição, com as mesmas dores e anseios, é uma experiência única. Recomendo!

A troca intergeracional é também gratificante. Muitos de nós fazemos isso instintivamente, mas é bom ter consciência da importância dessa prática. Conversar com jovens adultos, adolescentes e até crianças, e observar o que está acontecendo em cada um desses universos, quais são as tendências, as novidades, as ferramentas que utilizam, o que eles estão vendo e descobrindo é uma maneira de entender como interagir com esses públicos, inclusive para respaldar uma possível comunicação de produto dirigida a eles. Assim como conversar com pessoas mais experientes e receber alguns conselhos de quem já caminhou mais do que você pode ser valiosíssimo.

Ter consciência das diferentes realidades. Ter contato com a periferia, por exemplo, é essencial para desvendar as verdadeiras necessidades da população mais vulnerável e entender o nosso papel social.

E daí poder direcionar um esforço como empresa, uma prática institucional para aquela camada, colaborando com ações diretas ou indiretas, juntamente com o poder público, se for possível, para sanar problemas específicos daquele ambiente.

Diversidade e inclusão são outras questões que precisam ser enfrentadas e trazidas para o nosso dia a dia. Ter uma equipe bastante diversa, que contribui com diferentes visões e perspectivas, é de uma riqueza incalculável para o ambiente de negócios. Precisamos provocar a nossa disposição de aprender com o outro o tempo todo. Assim como devemos colocar esse time diverso para usar a visão deles para criar ambientes de conexão com clientes, parceiros e fornecedores, buscando novidades em todas as frentes: novas tecnologias para favorecer os negócios, automação, relacionamento com clientes por meio das redes, por exemplo. Embora esses sejam assuntos distintos, hoje fazem parte de quase todos os segmentos e merecem ser investigados, estudados, se quisermos ter uma empresa em sintonia com o presente e o olhar mais a longo prazo, visando inovar sempre.

Vivemos em um país regido por leis bastante específicas por setor e precisamos também nos atualizar sobre elas, a fim de poder competir e atuar em nossos mercados.

Em síntese, estar aberto para aprender o tempo todo, com todo mundo, não é apenas uma frase de efeito, é uma demanda da atualidade. Às vezes o ego nos impede de descobrir o novo, por total falta de humildade. Não caia nessa armadilha. Mantenha-se aberto para a novidade.

Não custa nada reforçar: escute mais e sempre. Preste atenção principalmente no que as suas equipes têm a dizer, encare a sua responsabilidade de capacitá-las, treiná-las e desenvolvê-las. Isso é mandatório.

## Exemplos, reflexões e anotações — replique o que eles fazem!

Como saber das experiências de muitos executivos e empreendedores foi útil para mim, acredito que explanar o meu percurso também possa ajudá-lo. Ao contrário do que muitos afirmam por aí, essa história de ser líder, de realizar, não está no "sangue", e sim no fazer, no aprender, no respeitar quem já fez antes de você.

Como disse há pouco, ler pode ser um começo. Portanto, se você ainda não tem esse hábito, implemente-o na sua vida. Busque indicações. Uma boa dica, simples, mas que me ajuda muito, é usar o marcador quando estiver lendo e voltar nessas marcações de vez em quando, compartilhando esses *insights* com a sua equipe. Livro foi feito para isso, para extrairmos dele o que pode ser melhor para o nosso trabalho, para o nosso espírito, para a nossa vida.

Insisto nos exemplos de grandes pessoas, porque são parte da minha jornada. São "medidas" particulares, observações que me fazem entender por que essas singulares mentes são do jeito que são. Não posso deixar de citar o escritor e filósofo alemão Goethe, que, em sua obra *Maxims and Reflections* [em português *Máximas e reflexões*], nos faz entender por que as referências são imprescindíveis: "Se eu souber como você gasta o seu tempo, então saberei o que acontecerá com você" (tradução livre).[13]

Então, vamos aos nossos guias:

O renomado Bill Gates lê uma média de cinquenta livros por ano (quase um livro por semana) e os grandes jornais todos os dias. Ele afirma: "A leitura é meu jeito favorito de satisfazer minha curiosidade".

---

[13] GOETHE, J. W. **Maxims and reflections**. Londres: Penguin, 2005. p. 208.

Na opinião de Gates, "livros são a melhor maneira de explorar novos tópicos em que você tem interesse".[14]

Um dos pares de Gates no quesito inteligência, Mark Zuckerberg, propôs um desafio a si mesmo: ler um livro a cada duas semanas. Ele mantém uma rotina de disciplina: acorda às 8 horas da manhã, checa o Facebook, o Messenger e o WhatsApp; faz exercícios três vezes por semana; e não perde tempo com moda, por isso, adotou um uniforme: jeans, tênis e uma camiseta cinza. Todas as noites, entoa uma prece judaica, como judeu praticante que é. Aconselha, além da leitura, cultivarmos algum hábito antes de dormir: massagem, meditação, uma boa xícara de chá ou dois capítulos seguidos de uma série favorita. Em 2015, o CEO do Facebook revelou que estava estudando mandarim. E você? Já pensou na sua rotina com seriedade?

Enquanto a gente aprende, nos livros, com a vida, com essas pessoas incríveis, devemos fazer anotações, como nos ensina a executiva, ativista e autora norte-americana Sheryl Sandberg, mais conhecida como COO (*Chief Operating Officer*) do Facebook e fundadora da Leanin.org, uma organização sem fins lucrativos cujo objetivo é oferecer a mulheres apoio e inspiração para ajudá-las a alcançar seus objetivos. Aliás, anotar é também um hábito de Bill Gates, só para constar. Então, esteja sempre alerta e anote as boas ideias, os *insights*, aquilo que mexe com você.

Não poderia deixar de citar outro genial empreendedor, Steve Jobs. Vamos ao que ele diz sobre o aprendizado de um modo geral: "É a tecnologia casada com as artes liberais, com as humanidades, que produz resultados que fazem nosso coração cantar".[15] É importante lembrarmos

---

[14] GOEKING, W. 4 Regras de leitura de Bill Gates. **InfoMoney**, 22 dez. 2017. Disponível em: https://www.infomoney.com.br/carreira/4-regras-de-leitura-de-bill-gates/. Acesso em: 14 jun. 2021.

[15] LEHRER, J. Steve Jobs: technology alone is not enough. **The New Yorker**, 7 out. 2011. Disponível em: https://www.newyorker.com/news/news-desk/steve-jobs-technology-alone-is-not-enough/. Acesso em: 12 maio 2021.

> **Livro foi feito para isso, para extrairmos dele o que pode ser melhor para o nosso trabalho, para o nosso espírito, para a nossa vida.**

da nossa humanidade e da nossa capacidade de criar, uma prática necessária e disponível a todos, em função das novas tecnologias.

A maioria dos líderes tem nos livros a sua principal fonte de conhecimento. No entanto, acredito muito na diversificação das fontes: viagens, filmes, séries, *master minds*, grupos de discussão, os vários formatos de cursos – novamente, a tecnologia está aí para nos fornecer o máximo de atualidade, muito do passado, para aprendermos com os erros, e de futuro, para não termos medo de encarar os fatos e ficarmos alerta.

Atualizar-se significa estar atento a todos os movimentos. Os que deram certo e os que ainda dão errado, inclusive. Quando leio sobre o que alguns executivos bem-sucedidos já pensaram, reflito sobre a minha própria atuação e o quanto isso potencializa minhas ações. Experimente fazer o mesmo.

Agora, destaco algumas falas de outros grandes líderes, dessa vez, brasileiros, pois elas podem nos guiar em nossas buscas com mais coragem e desprendimento. O que essas pessoas disseram sobre as próprias experiências prova que "um líder deve associar aquilo de que tem domínio à exploração do desconhecido, dominando novas ferramentas e modelos em seu acervo de conhecimento", como nos ensinam Sandro Magaldi e José Salibi Neto no livro *Gestão do amanhã*[16] (que recomendo muito!).

Jorge Paulo Lemann, o *bigboss* da Ambev, a maior cervejaria do mundo, referindo-se às atualizações que ele tem feito em relação à tecnologia, confessou:

> Eu estava um pouco encastelado, achando que estava tudo bem, e houve alguns incidentes que me mostraram que o mundo está mudando rapidamente. Mas agora não

---

[16] MAGALDI, S.; SALIBI NETO, J. **Gestão do amanhã:** tudo o que você precisa saber sobre gestão, inovação e liderança para vencer na 4ª Revolução Industrial. São Paulo: Gente, 2018.

sou mais um dinossauro apavorado, agora sou um dinossauro se mexendo.[17]

**Nizan Guanaes**, um dos empreendedores-criativos mais admirados no mundo, após seu curso na Singularity University,[18] afirmou que decidiu voltar para a escola aos 61 anos para buscar coisas novas, procurando olhar sempre para o futuro como uma oportunidade.

> Caminhamos para tecnologias ainda mais avançadas como a dos ingeríveis – em que poderemos usar impressoras 3D para fabricar medicamentos personalizados ou sensores internos – e chegaremos aos implantáveis (que poderão aumentar a nossa capacidade de memória e de pensamento). Assim como é natural acreditarmos que o carro está com problema quando a luz do painel acende, teremos ferramentas para nos antecipar às doenças antes que elas provoquem qualquer sintoma ou mesmo apareçam.

Nizan está seguro de que o *lifelong learning* é o que pode garantir que as pessoas se mantenham ativas. "Esse negócio de se aposentar é uma coisa muito cafona", diverte-se. Para ele, continuar empreendedor é uma obrigação moral com o país. "No meu planejamento mental, posso chegar aos 99 anos e mesmo assim ainda não terei tido tempo de criar, inventar e construir tudo que eu quero", comenta, chamando atenção para a necessidade de dedicar tempo a se atualizar.

---

[17] LEWGOY, J. "O sonho grande da Kraft Heinz acabou", diz Jorge Paulo Lemann. **Valor Investe**, 2019. Disponível em: https://valorinveste.globo.com/mercados/renda-variavel/empresas/noticia/2019/07/06/o-sonho-grande-da-kraft-heinz-acabou-diz-jorge-paulo-lemann.ghtml/. Acesso em: 12 maio 2021.

[18] TRAVASSOS, P.; TRAVASSOS, C. Convergência tecnológica, mode on! **Prosa Press**, 2019. Disponível em: https://www.prosapress.com.br/blog/su-global-summit/. Acesso em: 12 maio 2021.

Oscar Motomura, um especialista em gestão, estratégia e liderança, que convidamos para nos ajudar no trabalho de potencializar e tornar perene a cultura organizacional da Apsen, também é uma fonte de grande inspiração. Ele gosta muito de falar sobre as "sutilezas" e, aprofundando o tema, alerta que os líderes devem praticar a descentralização de atualização e saberes. O que é isso? Significa fazer com que a sua equipe seja um motor propulsor que leva para a sua liderança novidades de todos os tipos, inovações, provocações, informações importantes para a área, para o segmento, para o ambiente e muito mais.

Afinal, chega uma hora que não é possível ler tudo o que se gostaria nem estar em todos os lugares onde se desejaria estar. E, infelizmente, é comum que isso cause ansiedade. Então, em vista desse ensinamento, é importante a recomendação de Motomura de que devemos colocar o nosso time para ir aonde não podemos ir. Essa é uma maneira eficiente de compartilharmos o comprometimento com os saberes.

## Para nos atualizar, precisamos estar exponencialmente dispostos

A tecnologia é exponencial desde sempre, e as organizações também o são porque dependem da tecnologia.

Tudo anda rápido. E, lógico, tudo se torna obsoleto na mesma velocidade. O pesquisador especializado em estudos organizacionais com tendência particular às implicações organizacionais de atividades suportadas por computador, John Seely Brown, observou que, até algum tempo atrás, a vida útil de uma habilidade aprendida era de trinta anos. Hoje, essa habilidade aprendida sobrevive cinco anos, se muito.

O ritmo das mudanças é tão intenso que podemos sofrer uma disrupção a qualquer momento, de uma direção que a gente nem espera.

Aliás, já estamos vivendo várias mudanças. Principalmente depois da pandemia de covid-19, temos sido forçados a ficar mais atentos. E, se estamos mais atentos, é bem possível que seja porque estamos mais conectados, com mais possibilidade de trocas, com mais abertura e necessidade de aprender, de saber o que acontece hoje e agora. Um ritmo já imposto pela facilidade que as tecnologias e as mídias sociais trazem, mas que nos faz, querendo ou não, procurar atualização em tudo.

Exercitar isso de maneira ordenada é o que precisamos fazer. Voltando ao raciocínio lá do início dessa nossa convocação – atualize-se! –, é preciso ouvir de tudo, a todos e ponderar a respeito do que nos interessa aplicar ou não, seja na empresa, no negócio, na vida.

Porém, um alerta nunca é demais: amplie seu campo de visão e observe sobretudo os que não são especialistas, os que pensam diferente do óbvio, os que duvidam de um caminho e se arriscam a propor outro. Não há necessidade de segui-los, mas de observá-los sempre.

Muitos desses investigadores de futuro podem estar na sua equipe, na sua empresa, sob o seu comando ou não. Valorize essa coragem de questionar, de expor a dúvida, isso vale muito e pode abrir novos caminhos.

Além disso, tão importante quanto valorizar questionamentos é a ousadia de procurar respostas em locais de onde menos se espera que elas venham. Afinal, atualizar-se exige, talvez como premissa principal, coragem para mudar.

Espero que tenha gostado deste capítulo. Para ter acesso a materiais exclusivos e outros conteúdos que preparei sobre esse tema e sempre atualizo com muito carinho, capture o QR Code aí ao lado.

https://www.renataspallicci.com.br/sucesso-e-o-resultado-de-times-apaixonados/atualize-se

> **A tecnologia é exponencial desde sempre, e as organizações também o são porque dependem da tecnologia.**

## Capítulo 5

# MATERIALIZE A CULTURA ORGANIZACIONAL

O psicólogo suíço Edgar Schein é reconhecido como uma das maiores referências mundiais em desenvolvimento humano, processos em grupo e cultura organizacional. Antes de começar a dizer o que aprendi sobre este último conceito e como o implementamos na Apsen, repare com atenção como Schein o define:

> Cultura organizacional é um padrão de suposições básicas, que, ao ser compartilhadas com um grupo, é aprendido e se transforma em um meio para resolver problemas de adaptação externa e integração interna. Esse padrão funciona bem o suficiente para ser considerado válido e, portanto, para ser ensinado aos novos membros, como a forma correta de se perceber, pensar, e sentir em relação a essas questões.[19]

Em resumo, podemos entender que a cultura de uma empresa reflete a sua identidade. E essa identidade significa que ela está viva e tem uma "alma", ou seja, uma maneira única e própria de levá-la à ação. Muitas empresas negligenciam conhecer sua cultura, quase como nós seres humanos, por vezes, negligenciamos o autoconhecimento.

A cultura é o que traduz a empresa naquilo o que ela realmente é, ou seja, em qual é a sua verdadeira essência. E só empresas que entendem e, acima de tudo, praticam sua cultura conseguem crescer e se perenizar sem perder suas características essenciais.

Aprendi com meus pais, e eles com meus avós, que o cuidado com as pessoas é algo inegociável e, assim que comecei a trabalhar na Apsen, percebi que a empresa também carrega em seu âmago essa

---

[19] SCHEIN, E. H. **Cultura organizacional e liderança.** São Paulo: Atlas, 2009.

maneira de ser. Mais do que isso, percebi que essa é a principal base da Apsen, pois é o que faz com que o propósito do negócio esteja sempre além do lucro.

Para que essa base, esse alicerce possa ser realmente praticado, vejo que essa cultura deve permear todos aqueles que trabalham na Apsen, e daí percebo o quão fundamental é termos um trabalho forte e constante de disseminação, fortalecimento e enraizamento de nossa cultura organizacional.

Apenas quando as pessoas se alinham, acreditam no propósito e o assumem como uma bandeira, que as empresas deixam de ter apenas funcionários e passam a ter colaboradores. Sim, porque colaboradores fazem parte de um time. Não trabalham em departamentos isolados que competem entre si, mas em áreas parceiras e complementares que lutam, juntas, pelo melhor para o cliente, para os negócios, para a empresa e para si próprios.

Voltando lá no início deste capítulo, empresas com alma, com motivação, têm pessoas que trabalham com paixão. E só a paixão e o alinhamento de propósito levam ao comprometimento. Por isso, na Apsen, temos, no cuidado com os nossos colaboradores, a principal fortaleza que nos torna mais que um time, mas uma verdadeira Nação, a Nação Azul, em referência à cor de nossa marca.

Temos que nos empenhar para alcançar esse estado organizacional, porque colaboradores felizes na empresa geralmente também o são nas suas relações sociais. Ou seja, colaborador feliz faz bem para os negócios e, como um ciclo natural, também para a sociedade.

Se estou aqui, segura de que estamos fazendo o melhor pela cultura organizacional da nossa empresa, é porque aprendemos a nos dedicar a ela diariamente, e hoje posso afirmar, com absoluta certeza, que a cultura organizacional da Apsen é a grande responsável pelo seu sucesso.

Não sou modesta em dizer que somos uma empresa única, desejada, respeitada, admirada tanto por colaboradores como pelos outros concorrentes. Trabalhamos para isso também, afinal. Mas tenho humildade suficiente para admitir que temos aprendido a transformar nossa cultura em uma cultura de altíssima performance e inovação. Inovação que transcende a inovação de produtos para construir o nosso crescimento, mantendo a nossa essência, sempre.

## Nossa essência está em nossa história e não muda

Este livro, em última instância, condensa o que pudemos e continuamos potencializando: a essência da Apsen.

A base do meu trabalho é cuidar da sustentabilidade do negócio, zelando sempre pelo binômio presente/futuro. O meu papel na Apsen de colocar em prática o planejamento estratégico, de projetar os sonhos e engajar o nosso time em uma cultura por indicadores e por performance, como bem aprendido com o doutor Maércio no meu MBA na FGV, não prescinde dessa essência.

É preciso que isto fique claro: a essência nunca se transformou! Pelo contrário, foi e continua sendo cada vez mais entronizada.

A história da minha avó Irene prova isso. Eu me recordo perfeitamente do zelo que ela mantinha para com os colaboradores. Independentemente de qualquer dificuldade enfrentada pela empresa, os salários jamais sofreram atrasos. Isso sempre foi um valor absoluto para ela, como sempre foi para o meu pai, como ainda é para nós hoje.

A preocupação com as pessoas era tamanha que D. Irene tinha o cuidado de saber todos os preços da cesta básica, para garantir que os salários pudessem trazer conforto para os nossos colaboradores.

> **Apenas quando as pessoas se alinham, acreditam no propósito e o assumem como uma bandeira, que as empresas deixam de ter apenas funcionários e passam a ter colaboradores.**

Obviamente fomos crescendo, obtendo recursos, melhorando os benefícios e a remuneração, que é um dos nossos diferenciais. Sobre remuneração, aliás, fiz questão de dedicar um capítulo só para falar sobre a importância que damos a isso. A remuneração na Apsen diverge completamente do restante da indústria, não apenas em valores, mas em ousados modelos de remuneração proprietários, se comparados aos praticados pelo mercado. Tal procedimento nos trouxe, e continua nos trazendo, reconhecimento e prestígio.

Cuidar de pessoas sempre esteve em nossa raiz. Faz parte da nossa essência e por isso mantemos e consagramos esse preceito. Contudo, se a essência não muda, a maneira com que trabalhamos a nossa cultura organizacional vem mudando nos últimos anos em uma frequência cada vez maior, até porque estamos vivendo no mundo Bani cuja dimensão você já entendeu.

## Organizar a cultura demanda forma e mudanças

Vamos procurar entender isso um pouco mais: as bases culturais de uma empresa não podem ser ignoradas, mas é preciso uma capacidade conceitual excepcional para se separar o que é essência e o que é forma. A essência tem que ser mantida, enquanto a forma tem que mudar continuamente, porque, à medida que o tempo passa, as inovações chegam e pedem novas maneiras de atuação.

Agora, por exemplo, estamos em processo de mudança na Apsen. Estamos em um momento de potencializar os negócios. É a hora de instituirmos um comportamento extremamente ágil. Temos muitos projetos digitais em andamento ao mesmo tempo. Queremos ocupar o primeiro lugar dentre as indústrias farmacêuticas nacionais em matéria de transformação digital e estamos trabalhando empenhados, com muita garra e velocidade, para que isso aconteça.

Todo esse trabalho exige de nós a consciência da importância de não perder jamais a nossa essência, fortalecendo sempre essa nossa cultura organizacional em prol da sustentabilidade do negócio. A ideia é que, mesmo quando meu pai e eu não estivermos mais por aqui, a essência permaneça!

Eu sempre desejei materializar e nomear os atributos da nossa cultura. Saber explicar e traduzir em palavras quem nós somos, como nos portamos, qual é o nosso jeito de fazer as coisas na Apsen, como tratamos as pessoas, como resolvemos nossos problemas, como nos organizamos enquanto time. Sempre soube que nossa cultura era nosso maior diferencial e que colocar o ser humano no centro e o propósito de cuidar de pessoas nos trouxe as práticas de mercado hoje mais admiradas da indústria farmacêutica.

Fizemos isso de maneira muito natural. A essência do Renato foi nos guiando, e nosso jeito de ser foi sendo criado, da mesma maneira como um pai ou uma mãe cuida e educa um filho. Hoje, entretanto, sentimos a necessidade de aprofundar nosso conhecimento sobre essa cultura.

No exato momento em que escrevo este livro, concluímos essa tarefa de materialização da cultura. E, para nos apoiar nesse exercício, trouxemos o Oscar Motomura – por quem temos um carinho gigante e um respeito enorme há muito tempo. Em outra ocasião, meu pai e outros diretores da empresa tiveram a oportunidade de realizar cursos com Motomura na Amana-Key, empresa da qual ele é sócio-proprietário.

Agora, em 2021, voltamos a ele, para que nos ensine a dar nome a todas essas sutilezas, a esses comportamentos e atitudes que fazem com que a Apsen seja a empresa que ela é; com a nossa integridade, pautando nossos *dos and don'ts*, ilustrando nosso caminho com referências bastante interessantes.

Enquanto nos ajudavam a identificar nossas particularidades, Motomura e sua equipe compartilhavam exemplos que nos reforçam a certeza da importância desse trabalho para a sustentabilidade da empresa em todos os sentidos.

Recordo-me bem de uma situação que nos foi narrada por ele. Motomura compartilhou conosco uma vivência na Petrobras que demonstrou bem o quanto trabalhar com a cultura pode refletir em resultados concretos.

Segundo ele, a equipe da Amana-Key foi chamada em um momento difícil, quando a empresa convivia com um número simplesmente terrível de acidentes de trabalho e seguidos insucessos de reverter o quadro com as tentativas de comando e controle hierárquico. "Reuniões e reuniões para debater os problemas e implantar o quê? Mais controles! Mais procedimentos! Mais supervisão em cima dos colaboradores!", contou-nos Motumura.

Com uma proposta ousada pensada por ele e sua equipe, decidiram falar com todos os operários, o que demandou uma metodologia personalizada para se conhecer o problema a fundo. Segundo Motumura, foram selecionados duzentos voluntários, que foram treinados em dois dias pela consultoria e, em seguida, em uma semana, cada um deles entrevistou dezenas de colegas. Resultado do esforço: muito rapidamente, milhares de operários foram ouvidos, relatando suas observações sobre problemas percebidos.

A partir das muitas histórias, definiu-se o que foi chamado de "Causas de Acidentes". E, em seguida, os "12 Princípios" que neutralizariam essas causas. Uma "Gestão sem Lacunas", como foi batizado o trabalho, que não deixava brechas para acidentes. Depois de uma primeira fase robusta de comunicação e *workshops*, o número de acidentes começou a cair: primeiro 5%; depois 20% e, finalmente, depois de um ano e meio de trabalho ininterrupto, com a prática disciplinada e a internalização dos "12 Princípios", conseguiram chegar à marca de zero acidente.

Se a internalização da cultura pode reduzir acidentes, ela também pode aumentar o faturamento. Lembra-se do nosso preceito "foque as pessoas e acerte os números"?

Durante esse processo com Motomura, também me chamou atenção um *case* narrado por ele sobre uma grande multinacional.

Em prejuízo crônico havia bastante tempo, a Johnson & Johnson Consumo do Brasil, por mais que se esforçasse, não conseguia progredir em seus números estagnados. Até que decidiu apostar em um trabalho de mudança cultural. Uma reunião com dez diretores deixou claro que eram dez opiniões diferentes sobre um mesmo problema, expondo a necessidade de envolver mais pessoas. Uma nova reunião com os colaboradores diretos desses gestores, cerca de setenta pessoas, trouxe a mesma conclusão: é preciso ouvir mais pessoas.

Depois de algumas semanas, outra reunião aconteceu, agora com trezentas pessoas, juntamente com as setenta que haviam participado antes e os dez diretores também. E só depois disso foi fechado um plano de virada com um desafio: contar o plano para 2.500 pessoas, incluindo aí os operários.

Foi alugado um estádio para que a J&J pudesse receber todas essas pessoas em um *workshop* de seis horas – mostrando uma gestão altamente participativa, oposta à hierarquia *top-down* – e os diretores apresentassem o planejamento definido a partir das reuniões anteriores. Resultado: no final daquele ano, houve uma virada total dos números, com todas as metas alcançadas.

# Se a internalização da cultura da cultura pode reduzir acidentes, ela também pode aumentar o faturamento.

## Alinhamento de propósito e de verdade

Não basta construir processos participativos e envolver as pessoas para que a cultura seja assimilada, incorporada e vire prática capaz de gerar resultados. É preciso que haja identificação de propósito e coerência entre discurso e prática.

Quando penso nisso, sempre me lembro do *case* da Raia-Drogasil, que tive a oportunidade de acompanhar muito de perto, dada a proximidade que a Apsen mantém com essas empresas e por conhecer muitos interlocutores que participaram diretamente desse processo de fusão.

Embora fossem duas culturas diferentes, a Droga Raia e a Drogasil tinham algo muito forte em comum: o cuidado com as pessoas. Para revitalizar a cultura durante a fusão, eles partiram dessa premissa. Mergulharam no histórico das empresas e perceberam que as palavras "cuidado" e "cuidar" sempre estiveram presentes nas duas bandeiras. Desse modo, foi fácil definir como crença: "Gente que cuida de gente". Afinal, essa era uma crença que já estava presente na essência das duas empresas originárias. A partir daí, definiram também o propósito: "Cuidar de perto da saúde das pessoas, em todos os momentos da vida".

Muito bem, primeiro passo dado com sucesso. Porém, como falei, é preciso ir além: é preciso coerência entre o discurso, a mensagem, o propósito e a prática no dia a dia. Se a Raia Drogasil (RD) é uma empresa de gente que cuida de gente (e gosto tanto do exemplo da RD porque é muito próximo à maneira de ser da Apsen), isso precisa começar internamente, valorizando os colaboradores.

Assim, uma das maneiras que a RD encontrou de consolidar a cultura foi por meio do plano de carreira. Hoje, o grupo tem mais de 2.300 lojas. Em todas elas, os gerentes cresceram internamente.

Nenhum deles foi contratado no mercado, todos cresceram dentro da empresa, tendo começado como atendentes ou farmacêuticos.

Você acha que isso faz diferença na cultura e no desempenho da Raia Drogasil? Pois eu tenho certeza que faz! Afinal, não existe uma loja da RD no país inteiro que tenha um gestor que acabou de chegar e não conhece a companhia. Todos os gerentes conhecem muito bem a empresa e sua cultura, porque foram preparados, capacitados e cresceram internamente, vivenciando a cultura da empresa. Com certeza esse é o principal fator que faz com que a cultura da Raia Drogasil esteja presente e garanta o atendimento homogêneo no Brasil todo. Uma empresa de gente, bem-cuidada, cuidando bem de gente!

## Cultura organizacional na Apsen: nosso bem maior, a nossa essência

Depois de aprender tanto, de ouvir especialistas, de desaprender para reaprender, sei que a Apsen está no caminho certo. O nosso modelo de gestão e a nossa cultura de performance passa obrigatoriamente pelo reforço dos nossos valores que, acima de tudo, mantêm nossas raízes.

Meu pai foi o mentor, realizador e é o fortalecedor desse nosso jeito Apsen de ser. E o trabalho de cultura organizacional que conseguimos implantar veio para garantir que essa força não se perca nunca e para que os nossos valores sejam intrínsecos ao nosso crescimento e ao nosso sucesso.

Renato Spallicci, como presidente, exerce papel inspiracional único, pelo modo como vê o mundo. É irreplicável em relação a qualquer outra empresa a importância que ele dá ao indivíduo, ao colaborador, à pessoa. E entendemos que essa maneira de um líder ver o mundo é o que desencadeia a possibilidade de toda a empresa olhar o ser humano como figura-chave do processo. Eu e todos os líderes entendemos, acatamos e praticamos esse valor.

E não poderia ser diferente; em um lugar onde se cultiva a empatia, o exemplo tem que vir da alta gestão. Gostamos, ele e eu, de ouvir toda a equipe. As ideias podem vir de qualquer um. As oportunidades estão aí para todos. E todos precisam ter voz.

Acreditamos tanto nisso que, nesse trabalho que citei anteriormente feito pelo Motomura na Apsen, a consultoria teve a oportunidade de entrevistar muitos colaboradores. Nossa maior alegria foi ver que a palavra mais citada por boa parte desses entrevistados foi "pessoas", demonstrando que nossa cultura realmente está internalizada em nosso time.

Se estamos em um momento de mudança, de transformação digital, todos têm que sair da zona de conforto. As equipes precisam ser provocadas a buscar o diferente. E nessas horas é preciso ouvir as pessoas, exaltá-las nos melhores momentos e apoiá-las nos piores.

Na nossa essência, mora a valorização do ser humano. Renato Spallicci nos ensinou sempre que esse é o nosso papel na empresa e na sociedade. A cultura é alimentada na convivência, na integração. No fortalecimento das relações. Na manutenção de um time de alta performance sinérgico, que valoriza a troca.

Entretanto, é preciso dizer que o resultado por si só não traz felicidade. O percurso é o que mais nos interessa. Se respeitamos o propósito, as nossas crenças e os nossos valores durante todo o processo, conseguimos manter a nossa competitividade e alcançamos os nossos objetivos, sendo felizes durante toda a busca. Temos provado que é possível. É possível alcançar resultados ao mesmo tempo que cuidamos das pessoas.

Quando uma empresa tem uma cultura organizacional forte, harmoniza a sua gente. Ela pode ser diversa, múltipla, mas converge em valores. E uma cultura organizacional forte expurga pessoas que não têm os mesmos valores, para manter a essência e colocar o negócio em um caminho de expansão sem volta.

Estamos no caminho certo. Temos uma cultura organizacional fluida, transparente e que fortalece o trabalho dos nossos colaboradores que, por sua vez, querem mantê-la e sabem respeitá-la.

Ao longo do processo de construção do nosso credo, meu pai compartilhou comigo um texto que resume tudo aquilo em que acredita e que, com os anos, tornou-se a cultura da Apsen, interiorizada em nosso time e transformada em nossa verdadeira essência. Garanto a você, é esse sentimento do Renato, do qual eu e tantos colegas compartilhamos mil por cento, que faz a Apsen ser o que é.

Meu pai escreveu esse texto para que as pessoas consultem sempre que sentirem necessidade de se conectar com ele e com a essência da empresa, em momentos de dúvida, medo, ansiedade ou grandes decisões, especialmente no momento em que ele não estiver mais fisicamente conosco, eternizando, assim, seus valores e pensamentos.

Compartilho aqui esta carta, que traduz a importância da cultura organizacional e vai inspirar você.

# O Oráculo do Renato

❝

*Acredito que há momentos em nossa vida em que precisamos de alguém com quem conversar, trocar ideias e até nos renovar. Escrevi este Credo para você. Para você que pode estar diante de um importante momento de decisão.*

*Se você está consultando este Credo neste momento, acredite que não é por acaso. Há uma razão para isso. Talvez isso não esteja claro, nem pareça lógico. Mas é como se sua essência, seu espírito estivesse pedindo.*

*Seja muito bem-vindo a este pensar junto, em que abro meu tempo para estar ao seu lado, neste importante momento de sua vida. Fico muito feliz nesta hora, porque sinto que as coisas em que acredito continuam muito vivas em nossa Nação Azul. E que tenho condições de continuar ajudando.*

*Acredito que os céus não serão sempre de brigadeiro. Haverá, sim, tempos muito bons. Mas haverá também nuvens escuras, tempestades, fortes ventos, trovoadas. Tempos de bonança e tempos de vacas magras.*

*Em tempos de baixa, devemos nos lembrar de que sempre há um caminho, uma saída, uma solução. Foi assim no passado e sempre será. No aqui, agora e no futuro. Aflição e desespero em nada ajudam nas horas mais difíceis...*

*As paredes do tempo de nossa existência estão impregnadas de tijolos, daqueles que, com persistência, enfrentaram problemas e dilemas muito semelhantes àqueles que agora você pode estar enfrentando. Daqueles que, sim, acharam soluções. Muitas vezes inéditas, muito diferentes das existentes.*

*Lembre-se de que problemas são oportunidades. Dê graças a Deus que está com problemas, pois isso significa que você está vivo!*

*Que problema bom, hein? Ao enfrentá-lo com dignidade e muita criatividade você aprenderá e evoluirá muito como ser humano. Siga a voz do seu coração baseado nos valores da Nação Azul – que são para sempre. São eternos porque são valores universais: compaixão, a forma mais elevada de amor, afeto genuíno nas relações, o importar-se com as pessoas e com todos os seres vivos, liberdade com responsabilidade, confiança, fé no positivo, coragem, ética como a busca pelo bem comum, intenções nobres, estar sempre na verdade, a busca da perfeição, serenidade e calma, acreditando que uma ajuda superior está e estará sempre dentro de cada um de nós.*

*E, principalmente, simplicidade e humildade, os valores que nos fazem agir sem os desvios que o ego gera. E se errar o caminho, volte-se primeiro para dentro de si e busque, em sua essência, a luz e a sabedoria necessárias. Recordar as histórias de superação que vivemos todos esses anos na Nação Azul poderá, também, ajudar muito.*

*E se precisar de mim, continuarei por aqui, para um pensar junto de novo. E de novo, de novo...*

**RENATO SPALLICCI,**
**UM PRESIDENTE PAU PRA TODA OBRA**

Espero que tenha gostado deste capítulo. Para ter acesso a materiais exclusivos e outros conteúdos que preparei sobre esse tema e sempre atualizo com muito carinho, capture o QR Code aí ao lado.

https://www.renataspallicci.com.br/sucesso-e-o-resultado-de-times-apaixonados/materialize-a-cultura-organizacional

## Capítulo 6

# INSPIRE

Liderar é quase sinônimo de inspirar.

Procuro estudar, entender e vivenciar isso o mais profundamente que posso, para que a minha equipe colha bons frutos. Não apenas a partir de tudo que compartilho com ela, como também, e principalmente, pela maneira como lidero e procuro – tomara que eu consiga! – inspirar.

Um dos muitos e recentes aprendizados, que, para mim, têm sido essenciais praticar, é: para conduzir qualquer time com eficiência é preciso aprender a balancear a empatia, a cooperação e a abertura de ideias – que são características tidas como femininas – com a competitividade e a autoafirmação – características tidas como masculinas. Quando conseguimos reunir e conciliar essas qualidades para colocar em ação os propósitos da empresa, nós nos tornamos líderes melhores e todos ganham... os colaboradores, a empresa, os negócios.

O equilíbrio entre essas duas forças – a feminina e a masculina –, ou seja, a consciência dessas energias polarizadas, é a chave para a transformação não só de uma empresa, mas da vida. Estou vivendo esse aprendizado dia após dia. E isso vale para qualquer liderança, independentemente do gênero, claro.

Esse conceito é chamado de liderança *shakti*[20] e foi criado há cinco anos por Raj Sisodia e Nilima Bhat, autores do livro *Liderança Shakti: o equilíbrio do poder feminino e masculino nos negócios.*[21]

Acho que vale aqui abrir um rápido parêntese: não há como desconsiderar o fato de eu ser uma mulher, líder de uma empresa, e querer buscar o que significa isso de maneira mais contundente,

---

[20] O termo Shakti vem lá dos primórdios na Índia antiga e significa, segundo os iogues, a energia que proporciona a evolução do mundo, associada à criação, às deusas, a poderes femininos.

[21] SISODIA, R.; BHAT, N. **Liderança Shakti: O equilíbrio do poder feminino e masculino nos negócios.** São Paulo: Alta Books, 2019.

e muito menos faria sentido estar aqui escrevendo e recomendando que você se inspire, sem ao menos comentar em que eu mesma me inspiro. Aliás, é essa compulsão por me alimentar a partir de diversas fontes que gera, ao mesmo tempo, o meu autoconhecimento. Porque, para me autoconhecer, eu preciso (e recomendo) me reconhecer em muitos modos diferentes de pensar. Aliás, esse é um exercício que também faço por meio da escuta à minha equipe. Falarei disso daqui a pouco, aguarde.

## O autoconhecimento é básico e inspirador na formação de um líder

É isso o que leva o indivíduo a encontrar e a enxergar se o seu propósito está sendo praticado no negócio. Bom lembrar também que não é só nos cargos de liderança, mas em qualquer função, que você deve ser líder e encontrar a sua maneira de contribuir no negócio, ok?

Para se ter a mínima noção disso, é necessário saber como reconhecer um líder inspirador, quais características ele deve ter, ou ainda, o que é preciso para identificar um líder.

A consultoria americana Bain, uma empresa de Denver, afirma que para você ser um líder inspirador, ou mesmo saber desenvolver essa habilidade nos outros, deve identificar pelo menos quatro das habilidades listadas nessas categorias que estão no **Sistema Bain de Liderança Inspiracional**, desenvolvido com base em uma pesquisa que durou oito anos, com funcionários e clientes dessa empresa.[22] Um ótimo exercício, eu diria, para quem busca ter certeza de suas aptidões para a liderança:

---

[22] COMO os líderes inspiram? O código. **Revista HSM Management**, 2019. Disponível em: https://www.revistahsm.com.br/post/como-os-lideres-inspiram-o-codigo/. Acesso em: 13 maio 2021.

## DESENVOLVER EM SI RECURSOS INTERNOS

- Tolerância ao estresse: lidar com ele de maneira positiva e construtiva;
- Autoestima: avaliar as próprias habilidades de maneira realista e confiante;
- Autoconsciência emocional: compreender suas emoções, as causas delas e seu impacto sobre os outros;
- Autorrealização: aprimorar-se continuamente, buscando significado pessoal;
- Flexibilidade: adaptar respostas a situações dinâmicas;
- Independência: preservar a convicção de que é importante traçar os próprios caminhos;
- Expressão emocional: expor abertamente os sentimentos.

## DAR O TOM

- Visão de mundo: compreender e incorporar perspectivas diversas;
- Abertura: demonstrar curiosidade, criatividade e receptividade aos *inputs*;
- Compartilhamento da ambição: aderir à missão e aos princípios operacionais da organização;
- Coerência: mostrar integridade e consistência por meio de palavras e ações;
- Responsabilidade: engajar-se de maneira proativa, dando crédito pelo sucesso e assumindo a parcela de responsabilidade pelos erros;
- Altruísmo: colocar as necessidades do time acima dos benefícios pessoais de curto prazo;

- Reconhecimento: mostrar apreciação pelos esforços e resultados dos demais;
- Equilíbrio: respeitar os limites dos relacionamentos dos outros e os compromissos fora do trabalho.

## CONECTAR-SE COM OS OUTROS

- Vitalidade: demonstrar paixão pelo trabalho e estimular os demais;
- Humildade: manter o ego em equilíbrio;
- Empatia: compreender e valorizar necessidades e sentimentos alheios;
- Desenvolvimento dos outros: ajudar os outros a avançar;
- Escuta: ouvir com atenção os comentários, sentimentos e as ideias das pessoas;
- Assertividade: defender seu ponto de vista honesta e diretamente;
- Expressividade: transmitir ideias e emoções de modo claro e atraente;
- Senso de comunidade: compartilhar interesses e atividades.

## LIDERAR O TIME

- Foco: orientar a equipe rumo ao conjunto mais relevante de resultados;
- Visão: criar um objetivo atraente que gere confiança e encoraje o engajamento;
- Orientação: estabelecer o grupo apropriado e as expectativas individuais;
- Harmonia: promover alinhamento e solucionar conflitos;
- Empoderamento: permitir e incentivar a liberdade de movimentos;

- Cocriação: confiar no poder da colaboração para alcançar resultados melhores;
- Disposição de servir: investir nos talentos dos outros e alegrar-se quando obtêm sucesso;
- Patrocínio: comprometer-se a ajudar os outros a alcançar suas maiores aspirações na carreira.

## CENTRALIDADE

- Engajar a própria mente no ato de estar presente: um atributo-chave.

É importante ressaltar que, entre as combinações citadas, nenhuma é superior à outra. Qualquer combinação desses atributos funciona, desde que cada um seja autêntico e percebido pela equipe. As pessoas inspiradoras são muito diferentes entre si, não há um perfil fixo.

Esse exercício também é ideal para se buscar atributos que devem ser desenvolvidos, tanto em cada um de nós, enquanto líderes, como pelas nossas equipes. Recomendo que você faça esse exercício, procure identificar em você esses atributos e assim possa se autoconhecer. E, caso lidere uma equipe, implante esse sistema para que seus colaboradores reconheçam neles próprios os atributos mais evidentes e importantes para si mesmos e para o negócio.

Independentemente de você ser o número um da empresa – o que significa ter uma carga maior, porque é quem puxa o leme, quem direciona, enfim, quem inspira em primeira instância – ou buscar uma atitude de líder, desejável para qualquer função, considere esses aspectos para ser um ente inspirador. Eu garanto a você: eles são muito relevantes.

## O autoconhecimento nos leva a encontrar nosso propósito e identificá-lo no negócio

Não apenas na liderança, mas em qualquer função, você pode encontrar a sua melhor maneira de atuar para o desenvolvimento do negócio. Sobretudo se você se conhece e tem um propósito.

Aí, novamente, não importa se você é o número um da organização, um líder ou um colaborador que integra a equipe. Cada um de nós precisa trazer o seu propósito individual para dentro do negócio e acreditar que seu papel é realmente importante.

Quando tomamos consciência do nosso propósito e entendemos nosso papel em sua busca, as dificuldades e oposições não podem mais nos paralisar. Isso me recorda uma história bíblica que fala sobre a reconstrução dos muros de Jerusalém. Destruídos havia décadas, os muros reerguidos certamente devolveriam à cidade seu papel estratégico no cenário geopolítico da época. Por isso, ao verem Neemias liderar seu povo na reconstrução dos muros, seus adversários tentam, seguidamente, retirá-lo do projeto. Mas Neemias tem um propósito, sabe seu papel no projeto e recusa-se a abandonar a obra, respondendo sempre da mesma maneira ao "convite" de seus inimigos: "Estou executando um grande projeto e não posso descer. Por que parar a obra para ir encontrar-me com vocês?" (Ne 6.3).[23] É isso, como Neemias, não importa se você é um pedreiro ou um engenheiro espacial, se você está construindo um muro ou projetando uma nave que chegará à Lua, tenha clareza da visão, do propósito da obra que está conduzindo, da importância do seu papel, e não pare, siga em frente!

Leve seu propósito pessoal para dentro do propósito do seu negócio e, aí sim, será possível definir e externar os seus porquês, como

---

[23] BÍBLIA Nova Tradução na Linguagem de Hoje. **Sociedade Bíblica do Brasil**, 2000. Disponível em: https://biblia.sbb.org.br/biblia/NTLH/. Acesso em: 3 jun. 2021.

brilhantemente faz o Simon Sinek quando explica sua metodologia do *Golden Circle* – ajudando pessoas e empresas a encontrarem seu propósito. Segundo Sinek, as pessoas e organizações sabem o que fazer, algumas sabem como fazem, mas pouquíssimas sabem por que fazem o que fazem. Ainda que possa ser um exemplo por tantos já citado, certamente ele evidencia o quanto é importante ter claro o propósito para sermos, verdadeiramente, inspiradores.[24]

Voltando aqui à história de Neemias, as pessoas não se juntaram a ele na tarefa de reconstrução dos muros porque ele pagava um bom salário, oferecia uma excelente cesta de benefícios ou porque o muro protegeria a cidade do ataque de animais e dos exércitos inimigos, mas porque reconheciam que ter de volta os muros devolveria também a cada uma delas o orgulho, a honra e a dignidade de serem cidadãs de uma grande cidade. Havia um propósito e por isso aquela passava a ser uma grande obra à qual, sem dúvida, valia a pena se dedicar.

Um grande líder tem essa capacidade de dar o tom, de alinhar os propósitos de cada um com o propósito de todos. Há alguns atributos, como dissemos, que caracterizam o verdadeiro líder, mas, sem dúvida, o mais forte é a congruência.

O líder tem que ser congruente. Mais do que nunca precisamos de líderes congruentes, sobretudo no momento em que assistimos a tantos gurus sendo desmascarados – líderes que pareciam ajudar as pessoas e, na verdade, eram "farsas". O líder precisa ter um discurso condizente com suas atitudes. Ele precisa demonstrar coerência e consistência naquilo que fala e faz, tornando-se assim um exemplo a ser seguido com muita ética, respeito e responsabilidade.

---

[24] SIMON Sinek e o conceito do Círculo Dourado. **Insider Blog**, 27 out. 2020. Disponível em: https://blog.insiderstore.com.br/simon-sinek-e-o-conceito-do-circulo-dourado. Acesso em: 14 jun. 2021.

"

O líder precisa ter um discurso condizente com suas atitudes. Ele precisa demonstrar coerência e consistência naquilo que fala e faz, tornando-se assim um exemplo a ser seguido com muita ética, respeito e responsabilidade.

"

**Um líder precisa ser exemplo, não apenas no trabalho.** Essa máxima está longe de tentar ser perfeita, entenda bem. Um líder genuíno precisa compartilhar suas vulnerabilidades, deve compartilhar seus erros sempre que os cometer. A minha vulnerabilidade, por exemplo, é diariamente checada. Tenho que fazer um exercício diário, porque sou workaholic, e isso me torna vulnerável. Não tenho dia, nem hora de parar. Mas preciso tentar melhorar e respeitar os meus limites. Reconhecer e compartilhar as vulnerabilidades gera confiança, diálogo e, em última instância, inovação, uma vez que o medo de errar deixa de ser um impeditivo à criatividade. O líder deve cuidar muito bem do seu time, sempre pensando em "nós", seja no acerto ou no erro. Para isso, é importante dividir responsabilidades, enaltecer os colaboradores, valorizar e fazer com que o time se sinta valorizado, além de oferecer autonomia e espaço para que cada um do grupo desenvolva o trabalho com alegria e criatividade.

Conhecer o time é o mínimo que se pede de um líder. Saber quais são as dores e dificuldades, reconhecer e apreciar os esforços de cada um e os resultados de todos, assim como entender os limites das pessoas, seja nos relacionamentos ou nos compromissos fora do trabalho, são atitudes essenciais. Novamente aqui a vulnerabilidade – do líder e dos liderados – deve ser bastante considerada: o líder, permitindo-se mostrar sua vulnerabilidade e, assim, tornando-se ainda mais próximo do time; e o líder dando espaço para seus liderados mostrarem suas vulnerabilidades, ajudando-os a superá-las.

O líder deve mostrar receptividade para novos *inputs*. Essa é condição *sine qua non* para se liderar um time de modo democrático e eficiente. Da mesma maneira, preocupar-se em formar um time diverso e fomentar diversidade de novos *inputs* é certeza de receber ideias diferentes de pessoas com histórias de vidas diferentes, *backgrounds* diferentes, referenciais diferentes. Perceba a riqueza de novas ideias que essa diversidade proporciona!

Entretanto, não posso deixar de reconhecer que é difícil um líder inspirar pessoas diferentes, de *backgrounds* e realidades distintos. Difícil, sim, mas não impossível. Veja o que nos diz a pesquisa Líder do Futuro, conduzida no final de 2018, pelo site Meio & Mensagem, com 200 jovens estudantes universitários e recém-formados.[25]

Esses jovens, todos da chamada Geração Z,[26] independentemente da diversidade da equipe, revelaram basicamente uma unanimidade de opinião em torno do conceito de líder. Para eles, o líder verdadeiro é aquele que…

- 96% busca o desenvolvimento da equipe;
- 95% trabalha junto com o seu time;
- 95% compartilha conhecimento;
- 70% fala "nós" e nunca "eu".

## Um líder deve conectar os sonhos da empresa com os de seus colaboradores

Sabe aquela história do "sonho que se sonha junto"? Pois é, para que isso aconteça, não é necessário somente desejar, é preciso dividir o conhecimento, compartilhar objetivos, metas, ambições de negócios. É preciso conhecer o sonho da equipe ou, melhor ainda, se possível, conhecer o sonho de cada um. Entender se os sonhos desses profissionais têm a mesma cultura de valores da empresa. Se todos procuram

---

[25] JULIO, K. B. Série desvenda perfil dos líderes do futuro. **Meio & Mensagem**, 7 jan. 2019. Disponível em: https://www.meioemensagem.com.br/home/comunicacao/2019/01/07/desvenda-perfil-dos-publicitarios-do-futuro.html/. Acesso em: 3 jun. 2021.

[26] "Geração Z é a definição sociológica para a geração de pessoas nascidas, em média, entre a segunda metade dos anos 1990 até o início do ano 2010. A teoria mais aceita por estudiosos é que surgiu como sucessória à Geração Y, do final de 1982." GERAÇÃO Z. *In*: **Wikipédia**. Disponível em: https://pt.wikipedia.org/wiki/Gera%C3%A7%C3%A3o_Z. Acesso em: 23 jun. 2021.

melhorar para serem melhores cada um, serem melhores como grupo, para fazer uma empresa melhor, aí os aprendizados estarão nos levando a melhorar também como seres humanos, a transcender crenças e a construir pontes para todos atravessarem.

Conectar o sonho individual de cada pessoa do time ao sonho da empresa é um diferencial competitivo incrível sobre o qual falaremos mais para frente.

## A integridade garante o valor daquele que inspira

Para começar a entender o que é integridade, que tal desenvolvermos características diferentes das máquinas? Empatia, criatividade, trabalho em equipe e o cuidado com o outro já nos tornam um ser humano.

Voltando ao início da nossa conversa, precisamos construir o que somos a cada dia. Uma máxima de Santo Agostinho arremata o que quero dizer: a coisa mais bela do ser humano é que ele não nasceu pronto.[27] Ele precisa se construir, escolhendo valores e atitudes que apoiarão seu alicerce. Isso vale para as pessoas, isso vale para as organizações.

Se vamos ser íntegros ou não é algo que dependerá das nossas escolhas. Integridade pressupõe não haver falhas de princípios, de caráter e nem de valores. Assim como a sua falta é determinante para haver corrupção, mentira, escassez, falta de confiança, enfim, a degradação. A integridade é uma virtude que contém todas as outras e, exatamente por isso, é absoluta.

Costumo dizer que, se temos autoconhecimento e integridade, estamos no caminho da consciência. Portanto, vale a pena trabalhar

---

[27] LUCAS, L. F. **A era da integridade**: *Homo conscious* — a próxima evolução: o impacto da consciência e da cultura de valores para encontrar propósito, paz espiritual e abundância material na sua vida pessoal, profissional e na sociedade. São Paulo: Gente, 2020.

sempre a autocorreção, a releitura dos atalhos ou desvios que percorremos na ânsia de acertar rapidamente (ou que muitas vezes exigimos do outro) e que podem nos conduzir ao erro.

A auto-observação é o primeiro passo para estar no nível da consciência. E essa auto-observação exige esforço no sentido de estarmos vivendo o presente, não o passado (a depressão mora aí, muitas vezes) e nem antecipando preocupações quanto ao futuro (que provoca ansiedade). Ou seja, é preciso colocar foco e energia naquilo que de fato interessa no momento, para resolver, encaminhar ou elucidar qualquer questão. Praticar a auto-observação é estar alerta. É fazer do ego (olha ele aí de novo!) uma ferramenta útil para aprendermos sobre nós mesmos. Ele pode nos ajudar a elevarmos nossa autoestima e a nos destacarmos na multidão. Mas se deixarmos que o ego nos domine, com certeza perderemos a nossa integridade.

Com suas consciências ampliadas, alguns mestres de luz que nos inspiram desde sempre já demonstraram ser possível dissolver o próprio ego. Líderes como Gandhi, Madre Teresa, Buda, Yogananda, Krishna e Jesus evidenciaram que ampliar a consciência é necessário para a nossa evolução, para desenvolver a nossa integridade, para que, como eles, nós também possamos inspirar outras pessoas.

Alguns líderes contemporâneos também merecem ser reconhecidos como mestres em alguns aspectos das suas lideranças, basicamente no que diz respeito à integridade dos seus propósitos ou das suas crenças. Para exemplificar, vou recorrer a algumas citações já feitas no meu blog (www.renataspallicci.com.br), as quais considero que podem nos ajudar a refletir sobre o que é e como inspirar:[28]

---

[28] DEWAR, C. *et al.* The CEO moment: leadership for a new era. **McKinsey & Company**, 21 jul. 2020. Disponível em: https://www.mckinsey.com/featured-insights/leadership/the-ceo-moment-leadership-for-a-new-era/. Acesso em: 15 maio 2021.

David Schwimmer, CEO do London Stock Exchange Group, acredita que as pessoas estão procurando um tipo diferente de liderança. Ele frisa que, no momento em que vivemos atualmente, o importante é ajudar as pessoas a se manterem emocionalmente equilibradas. Elas precisam estar preparadas para tudo o que possa surgir em meio às incertezas.

Paul Tufano, CEO da AmeriHealth Caritas, acredita que, apesar de este ser um período de incertezas e medo, também há uma grande oportunidade para criar uma força de trabalho mais robusta, coesa e motivada. "Se os CEO realmente se conectarem com as pessoas onde estiverem, haverá um enorme potencial para inspirar os colaboradores e fortalecer os laços e a lealdade dentro da empresa."

Para Alain Bejjani, CEO da Majid Al Futtaim, as pessoas lideradas têm grandes expectativas em relação ao seu líder. Elas querem que ele seja perfeito e, muitas vezes, esquecem que o CEO também é humano. Porém, quanto mais humano o líder for com eles, mais confiança e empatia eles terão por seu CEO.

Já vimos tudo isso de algum modo, mas, quanto mais perspectivas diferentes tivermos para observar essas práticas, mais facilmente elas irão sendo assimiladas pela nossa consciência.

Espero que tenha gostado deste capítulo. Para ter acesso a materiais exclusivos e outros conteúdos que preparei sobre esse tema e sempre atualizo com muito carinho, capture o QR Code aí ao lado.

https://www.renataspallicci.com.br/sucesso-e-o-resultado-de-times-apaixonados/inspire

# Capítulo 7

# DIVERSIDADE E INCLUSÃO

Para começar este capítulo, que eu considero um dos mais importantes deste intenso caminho escrito e pensado para você, preciso entrar novamente na minha história. É com ela que eu sigo refletindo e compartilhando, afinal.

Sempre me senti muito incomodada e, por isso, eu me engajei, com certa ânsia e facilidade, como uma mulher que luta pelos direitos das mulheres. Na Apsen, fiz e faço questão de batalhar por mantermos uma boa representatividade. Há algum tempo, propus a formação de um grupo de mulheres para discussão de diversos temas e necessidades na empresa e, por essa iniciativa, fomos desafiadas pelos vice-presidentes da empresa a olhar para a diversidade de uma maneira mais ampla, não somente a partir do "feminino". Ah, como os desafios são sempre bons, não?

A partir daí, fui estudar e abracei o tema da diversidade – que carrega a inclusão – dentro da Apsen. Ir além do "feminino" me abriu um horizonte imenso. Aprendi muito e descobri um universo de informações que abrangem esses valores essenciais (sim, essenciais!) para um líder se atualizar. Para os que não estão familiarizados com esse tema então, nem se fala.

Tratando-se de diversidade, vivemos um chamado público, um movimento mundial por meio das mídias sociais, que dizem respeito às questões étnico-raciais e de gênero, principalmente. Por isso, nós, gestores e líderes, devemos ter um olhar preciso, pontual e urgente, reconhecendo que as empresas e as marcas vêm sendo cobradas pela sua atuação no âmbito social ou quanto a sua visão estratégica, ou seja, se estão ou não contemplando a diversidade quando oferecem oportunidades aos novos e aos atuais colaboradores.

A verdade é que, diante de tantos novos conhecimentos, é necessário rever e ressignificar os padrões. Toda empresa precisa retribuir, devolver à sociedade, por meio da sua capacidade de gerar recursos e do seu planejamento, aquilo que ela capta e transforma em resultados para si, adotando não só a diversidade, mas obviamente a inclusão, como imprescindíveis na reparação, corrigindo as injustiças cometidas no passado histórico e no fortalecimento da estratégia da empresa, seja lá em qual mercado for.

## Diversidade: um grande diferencial competitivo

À medida que temos pontos de vista diferentes em uma empresa, elevamos o capital humano da organização e, com certeza, construímos soluções inovadoras.

Você há de concordar comigo que, quando agregamos perspectivas e experiências distintas, não só temos a capacidade de ampliar o nosso repertório, mas de responder questões das mais diversas (está aí também a raiz do conceito diversidade, inclusive).

A imagem da marca e a da empresa também só têm a ganhar a partir do compromisso com a responsabilidade social embutida na implementação da diversidade, se isso se der de maneira genuína e trazendo com ela a inclusão, claro.

Não há hora certa para implementar a diversidade. A hora é agora e sempre. A nova cultura organizacional não permite regressão, não admite a falta de compreensão dessa necessidade socialmente responsável, sob pena de estagnarmos nossas empresas, de perdermos a nossa capacidade estratégica e de abrirmos mão de um diferencial competitivo dos mais poderosos. A diversidade é o que faz cada indivíduo ser único, somos diversos por natureza. A diferença entre os colaboradores geralmente é o que acaba por agrupar e trazer benefícios para toda a equipe.

# Inclusão: o respeito e a valorização do indivíduo

Vernã Myers, VP de Estratégia de Inclusão da Netflix, afirma, com humor, algo que define bem a inclusão: "Diversidade é ser convidado para a festa. Inclusão é ser chamado para dançar".[29] Não parece verdadeiro para você?

Não existe inclusão se não existir diversidade. É ela que nos obriga a tomar uma atitude de respeito e valorização das diferenças entre as pessoas. Entretanto, praticar a diversidade não se restringe a contratar pessoas de origem, gênero, raça, orientações sexuais, deficiências e idades diferentes. Isso não basta! Temos que pensar de modo inclusivo e romper definitivamente com o preconceito e a marginalização de pessoas.

A inclusão advinda da diversidade potencializa o negócio da empresa, porque abre oportunidade para a criatividade se manifestar e a inovação acontecer. Uma equipe composta por pessoas de muitos tipos, procedências e maneiras de ser costuma facilitar a prática da empatia e do que devemos instituir já em nossas organizações: a comunicação não violenta.

## De quais diversidades estamos falando?

Existem diferentes tipos de diversidade nas empresas que devem ser reconhecidos, respeitados, e cuja discriminação deve ser combatida por todos – sem exceção – os colaboradores da empresa.

---

[29] DIVERSIDADE no trabalho: 7 pontos de atenção para o RH promover inclusão. **Forbusiness**, 2021. Disponível em: https://forbusiness.vagas.com.br/diversidade-no-trabalho/. Acesso em: 18 maio 2021.

Vamos destacar alguns dos tipos de diversidade:

## IDADE

É a diversidade etária ou geracional; comporta representantes de várias gerações com diferentes visões de mundo e experiências profissionais. Com isso, as interações tecnológicas, a gestão de crises e o aprendizado de uma maneira geral são mais intensos e ricos.

## DIREITOS IGUAIS

Homens e mulheres devem compor os times das empresas, com a garantia dos mesmos direitos, deveres e oportunidades de crescimento. Um detalhe chama atenção nessa questão: mulheres ganham 20,5% menos do que homens, segundo o Instituto Brasileiro de Geografia e Estatística (IBGE),[30] mostrando que a disparidade de gênero ainda é alarmante.

## ORIENTAÇÃO SEXUAL E IDENTIDADE DE GÊNERO[31]

As oportunidades devem ser oferecidas a todas as pessoas. Promover a equidade e o respeito, repreendendo atitudes homofóbicas, transfóbicas e lgbtfóbicas, é a única receita. Um dado importante para reflexão: 50% dos profissionais LGBTQIA+[32] (lésbica, gay, bissexual, travesti, transexual, queer, intersexual, assexual, não-binário

---

[30] OLIVEIRA, N. Pesquisa do IBGE mostra que mulher ganha menos em todas as ocupações. **Agência Brasil**, 8 mar. 2019. Disponível em: https://agenciabrasil.ebc.com.br/geral/noticia/2019-03/pesquisa-do-ibge-mostra-que-mulher-ganha-menos-em-todas-ocupacoes/. Acesso em: 18 maio 2021.

[31] ARAUJO, T. N. Q. Sexualidade, Identidade e Orientação. Você sabe a diferença? **Vittude Blog**, 28 fev. 2020. Disponível em: https://www.vittude.com/blog/fala-psico/sexualidade/. Acesso em: 17 jun. 2021.

[32] QUAL o significado da sigla LGBTQIA+? **Educa Mais Brasil**, 6 out. 2020. Disponível em: https://www.educamaisbrasil.com.br/educacao/dicas/qual-o-significado-da-sigla-lgbtqia. Acesso em: 17 jun. 2021.

e mais) não compartilham suas orientações afetivo-sexuais no ambiente de trabalho.[33]

## ETNIA E RAÇA

O Brasil é um país de grande diversidade étnica; povos de várias identidades vivem e formam famílias aqui. Essas várias culturas, quando representadas em uma empresa, trazem ganhos de conhecimento e uma experiência únicos. Porém, ao se observar o mercado de trabalho, essa é uma realidade ainda bastante distante, sobretudo quando olhamos para os cargos de liderança nas corporações. Segundo o Instituto Ethos, embora a população brasileira seja composta em sua maioria por pessoas que se autodeclaram negras (aproximadamente 57%, segundo dados do IBGE, considerando pardos e pretos[34]), menos de 5% dos cargos gerenciais nas empresas são ocupados por pessoas negras.

## PCD — PESSOAS COM DEFICIÊNCIA
## (VISUAL, AUDITIVA, MENTAL, FÍSICA OU MÚLTIPLA)

No Brasil, 24% da população é composta por PCD.[35] Diante dessa evidência, a necessidade de inclusão é urgente. E a Lei de Cotas[36] é um importante instrumento para ajudar a garantir que essa

---

[33] METADE dos profissionais LGBT assumiu orientação sexual no trabalho, diz pesquisa. **G1**, 25 jun. 2019. Disponível em: https://g1.globo.com/economia/concursos-e-emprego/noticia/2019/06/25/metade-dos-profissionais-lgbt-assumiu-orientacao-sexual-no-trabalho-diz-pesquisa.ghtml. Acesso em: 18 maio 2021.

[34] COR ou raça. **IBGE**, 2019. Disponível em: https://educa.ibge.gov.br/jovens/conheca-o-brasil/populacao/18319-cor-ou-raca.html/. Acesso em: 18 maio 2021.

[35] CONCLA — Comissão Nacional de Classificação. **IBGE**, 2021. Disponível em: https://cnae.ibge.gov.br/en/component/content/article/95-7a12/7a12-vamos-conhecer-o-brasil/nosso-povo/16066-pessoas-com-deficiencia.html/. Acesso em: 18 maio 2021.

[36] "A Lei 12.711 de 2012, intitulada Lei das Cotas, define que as Instituições de Ensino Superior vinculadas ao Ministério da Educação e as instituições federais de ensino técnico de nível médio devem reservar 50% de suas vagas para as cotas. A lei não atinge as instituições de ensino estaduais ou privadas" (O QUE você precisa saber sobre a lei de cotas. *In*: **UNE — União Nacional dos Estudantes**. Disponível em: https://www.une.org.br/2012/09/o-que-voce-precisa-saber-sobre-a-lei-de-cotas/. Acesso em: 23 jun. 2021.)

representatividade nas empresas de fato aconteça. Ainda assim, a maioria das PCD ainda ocupa somente a base na hierarquia, mesmo possuindo ótima bagagem acadêmica. Incluir não é o suficiente nesses casos, é necessário oferecer condições de acessibilidade para a execução do trabalho.

## A diversidade nas empresas brasileiras

Segundo aponta a edição 2020 do *Diversity Matters* [Diversidade importa] da McKinsey,[37] depois de entrevistar 3.900 funcionários de 1.300 empresas no Brasil, Chile, Peru, Argentina, Colômbia e Panamá, somente 21% de profissionais brasileiros nesse estudo confirmam que a sua empresa tem diversidade étnico-racial elevada. Outro estudo, mas de 2019, conduzido pela Associação Brasileira de Comunicação Empresarial (Aberje),[38] mostra que tanto a falta de diversidade quanto a de inclusão ainda refletem posturas preconceituosas recorrentes dentro das organizações: 40% dos que responderam a essa pesquisa já presenciaram discriminação no trabalho devido à identidade ou expressão de gênero, 35% por causa da idade e 30% por causa da cor ou etnia. E uma curiosidade não menos assustadora: altura e peso também são alvo de discriminação, segundo 24% dos participantes desse estudo.

Em contrapartida, é bom saber que, nesse mesmo levantamento, 63% das 124 empresas pesquisadas investem em programas de diversidade e inclusão que vêm sendo ampliados nos últimos anos, segundo 57% dos colaboradores ouvidos. Dentro desses programas,

---

[37] CASTILHO, P. Diversity matters: América Latina. **McKinsey**, 2 jul. 2020. Disponível em: https://www.mckinsey.com/br/our-insights/diversity-matters-america-latina/. Acesso em: 18 maio 2021.

[38] DISCRIMINAÇÃO nas empresas está além de gênero ou raça: bola da vez é a orientação política. **Negócios em movimento**, 13 ago. 2019. Disponível em: http://www.negociosemmovimento.com.br/negocios/pesquisa-revela-que-discriminacao-nas-empresas-esta-alem-de-genero-ou-raca-bola-da-vez-e-a-orientacao-politica/. Acesso em: 14 jun. 2021.

> **Não há hora certa para implementar a diversidade. A hora é agora e sempre.**

PCD (96%), identidade de gênero (83%), cor e etnia (78%) e orientação sexual (74%) são as áreas mais contempladas.

## Números e atitudes importantes ajudam a definir oportunidades urgentes

Os números obtidos pela pesquisa da McKinsey revelam que, nas empresas inclusivas diversas, os funcionários sentem-se mais à vontade quanto à sua identidade, o que reflete em uma maior probabilidade de contribuição e participação em todas as iniciativas da empresa e no dia a dia dos negócios.

Segundo o estudo, diversidade reflete diretamente em vantagem competitiva: 93% dos colaboradores afirmam que a diversidade de gênero pode definir que a empresa alcance um desempenho financeiro superior ao da concorrência; e empresas que possuem equipes executivas com diversidade de gênero têm 14% mais chances de superar a performance dos concorrentes.

Aliás, em empresas com uma cultura diversa, a pesquisa deixa claro que os líderes também encontram mais espaço para promover o diálogo, o trabalho em equipe e a inovação. Segundo o estudo, em empresas assim, os líderes têm 80% mais chances de promover confiança e abertura de diálogo, 73% podem desenvolver uma cultura que beneficie o trabalho em equipe e 66% podem promover a inovação. Sim, diversidade está intimamente ligada à liberdade para propor novos modos de trabalho: nas empresas diversas, os funcionários têm uma probabilidade 152% maior de propor novas ideias e tentar novas maneiras de executar tarefas. O que, por sua vez, resulta em gente trabalhando mais feliz: 63% de colaboradores dessas organizações diversas sentem-se felizes no trabalho, contra 31% dos que estão em empresas não inclusivas.

Agora, jogando luz sobre alguns outros dados relevantes da McKinsey de 2019, apontados por Stephanie Kohn em artigo para o blog Canaltech,[39] quero enfatizar um aspecto que eu trouxe no começo deste capítulo – o olhar sobre o trabalho feminino: empresas que promovem equidade de gênero em cargos de liderança tendem a ter resultado financeiro 25% maior do que as demais companhias.

Os dados da pesquisa de 2019 da McKinsey[40] apontam avanços, revelando que 44% das empresas possuem três ou mais mulheres em cargos executivos, frente a 29% em 2015. Mas se considerarmos a interseccionalidade de mulheres negras, a situação muda bastante. Enquanto, em média, um em cada cinco executivos é mulher, apenas um em cada 25 executivos é mulher negra. "O avanço precisa ser intencional e em todos os níveis. Promover a diversidade de gênero e de raça gera mais inovação e todos são beneficiados, ainda mais em um momento como este", diz Margareth Goldenberg, gestora executiva da organização Movimento Mulher 360.

Não são só números. Em artigo publicado no blog da Fundação Instituto de Administração,[41] o professor Maurício Nisiyama destaca que a prática da diversidade e da inclusão comprovadamente gera benefícios concretos tanto para empresas, como para líderes, funcionários, parceiros e para toda a sociedade. Os benefícios são muitos, veja alguns:

- Construção de uma cultura de inclusão e respeito ao próximo, com melhora do clima organizacional;

---

[39] KOHN, S. SAP, HP e Microsoft possuem as melhores práticas de diversidade, segundo guia. **Blog do Canaltech.** 5 jun. 2020. Disponível em: https://canaltech.com.br/mercado/sap-hp-e-microsoft-possuem-as-melhores-praticas-de-diversidade-segundo-guia-166067/. Acesso em: 9 abr. 2021.

[40] FILIPPE, M.; BOMFIM, M. Por que a diversidade faz a diferença. **Revista Exame,** 4 jun. 2020. Disponível em: https://exame.com/revista-exame/por-que-a-diversidade-faz-a-diferenca/. Acesso em: 18 maio 2021.

[41] NISIYAMA, M. Diversidade e inclusão nas empresas: importância, desafios e benefícios. **Blog da Fundação Instituto de Administração,** 30 nov. 2020. Disponível em: https://fia.com.br/blog/diversidade-e-inclusao-nas-empresas/. Acesso em: 3 abr. 2021.

- Enriquecimento do repertório e do capital intelectual da companhia e dos colaboradores;
- Estímulo à troca de ideias, comunicação eficaz e abertura para feedbacks;
- Maior facilidade para resolver problemas complexos, partindo de uma avaliação plural;
- Lideranças e funcionários mais empáticos, capazes de se colocar no lugar dos colegas e dos clientes – o que pode resultar em atendimento humanizado;
- Construção de uma reputação positiva para o negócio;
- Retenção de talentos, com redução nas taxas de *turnover*;
- Maior satisfação dos empregados no trabalho;
- Aumento do potencial de inovação e mitigação de riscos;
- Aumento da competitividade e lucratividade.

## Um desafio enorme

Ainda temos muito pela frente, para enfrentarmos os desafios da diversidade e inclusão. E essa tarefa parte majoritariamente de conscientização, entendimento e, especialmente, de os líderes abraçarem a causa.

É preciso realizar um censo de identificação dos vários públicos com que interagimos direta ou indiretamente, nos quais é bem provável já existir a diversidade (talvez ainda não tanto quanto gostaríamos).

Uma marca substancial dessa defasagem é o fato de que somos um país de maioria negra e, no entanto, muitas empresas ainda não têm nenhuma ou então têm mínima representatividade. E isso vai piorando à medida que destrinchamos o censo e podemos observar a interseccionalidade, que é quando consideramos dois ou mais aspectos da diversidade, como, por exemplo, mulher negra, homem trans gay, homem trans negro gay. Se avançamos para os lugares mais altos na hierarquia, isso vai ficando cada vez mais raro, principalmente quando olhamos para os cargos do chamado C-Level, ou seja, a alta liderança, como os CFO, CTO, CEO e outros.

No livro *Organizações exponenciais*,[42] os autores afirmam que a implementação da diversidade em termos de sexo, experiência e idade, por exemplo, proporciona melhores resultados. E que, infelizmente, a maioria das grandes organizações ainda possui camadas uniformes de executivos do C-Level e membros do conselho, sendo que muitos deles até estudaram nas mesmas escolas de administração. Outros são de uma geração mais antiga e não entendem as novas tecnologias.

Um dia desses, em conversa com uma amiga que é membro de conselhos administrativos em diversas empresas, ela enfatizou a dificuldade brutal de as mulheres, inclusive as muito bem preparadas, entrarem em conselhos. Infelizmente, muitas vezes essas mulheres, com excelente *background*, experiência e que poderiam agregar muito para o negócio, são preteridas, com a escolha recaindo sobre profissionais homens, ainda que de mente retrógrada e com dificuldade até de usar e-mail. Parece piada, mas é a nossa triste realidade… E contra a qual eu batalho com todas as minhas forças para promover mudanças.

O *Guia Exame de Diversidade*[43] também traz números bastante enfáticos que escancaram não só a situação crítica atual no Brasil desde o começo da pandemia, como que há muito a se fazer para evitar tantas distorções pela falta de iniciativa das empresas de um modo geral:

---

[42] ISMAIL, S.; VAN GEES, Y.; MALONE, M. S. *op. cit.*

[43] FILIPPE, M.; BOMFIM, M. *op. cit.*

- Segundo Boletim Epidemiológico da Secretaria de Saúde do município de São Paulo, 62% dos pretos têm mais risco de morrer vítimas da covid-19 do que os brancos;
- Dados de novembro de 2019 mostraram que entre os trabalhadores pretos, 47% eram informais e 66% estavam entre os desocupados e subutilizados no mercado de trabalho brasileiro;
- A Relação Anual de Informações Sociais (Rais) afirma que na última década houve crescimento de 59% nas contratações de PCD no Brasil, levando para 486 mil o número que era de 288 mil. No mesmo período, aumentaram 97% as contratações de pessoas neurodiversas, em número absoluto ainda não tão relevante;
- Segundo uma pesquisa do Instituto Ethos com as 500 maiores empresas do Brasil, as pessoas negras ocupam apenas 6,3% dos cargos de gerência e 4,7% dos cargos executivos. A situação das mulheres negras é ainda mais desfavorável, pois elas ocupam apenas 1,6% dos cargos de gerência.

Todo cuidado é pouco, pois o olhar de fora esbarra em questões de diversidade e inclusão. Empresas estão sendo cobradas por projetos estruturados com representatividade, e mais ainda pela inclusão. Se não houver representatividade com inclusão, esse reconhecimento não vem, porque já ficou nítido para muitos que esses valores foram usados como marketing, ou seja, muitas vezes há a diversidade, mas não acontece a inclusão. E isso é denunciado diariamente nas redes sociais.

Não custa reforçar que, para implementar a diversidade com inclusão, é preciso promover a ética empresarial que passa pela necessidade de uma conscientização do que é justiça social e da reparação histórica que precisamos realizar. Sobretudo em relação às mulheres e aos negros, como já deve estar claro, sem os quais, corremos o risco de não contribuirmos em nada para as mudanças que realmente desejamos ver acontecer em nossa sociedade.

## Olhe para si antes de colocar em prática a diversidade com inclusão

Ninguém está imune aos vieses inconscientes, aqueles preconceitos que praticamos no dia a dia, porque cultivamos sem querer estereótipos de todos os tipos. Todos nós, independentemente de gênero e idade, temos limitações e costumamos apontar fora, antes de olhar para dentro.

Você já reparou na quantidade de pessoas que afirmam que uma mulher de negócios é agressiva e o homem é objetivo? Ou dizendo que aquele negro de paletó só pode ser um segurança de shopping? E que o outro, branco, sempre é um alto executivo? Que meninas gostam de brincar com bonecas e os meninos de jogar futebol? Esses vieses, apontados muito bem pela jornalista Alice Salvo Sosnowski no blog *Startupi*,

> prejudicam nossa noção de identidade, liberdade de expressão e reconhecimento do outro. [...] o viés sempre chega antes e embaça nossa visão da realidade. Sem percebermos estamos julgando, simplificando, generalizando enquanto tem tantas opções e diversidade a serem consideradas.[44]

Subscrevo também um exercício proposto por Aline Salvo, pois considero ser de extrema urgência compreendermos os preconceitos

---

[44] SOSNOWSKI, A. S. Você sabe o que são vieses inconscientes? **Startupi**, 3 fev. 2020. Disponível em: https://startupi.com.br/2020/02/voce-sabe-o-que-sao-vieses-inconscientes/. Acesso em: 18 maio 2021.

que nos derrubam (e, assim, conseguirmos colocar em prática a diversidade com inclusão): no lugar de preconceitos, vamos fazer perguntas! Por que sempre aquela mulher negra pode ser a enfermeira e não a cirurgiã-chefe? Para isso, temos que conhecer melhor as pessoas por suas características individuais, suas histórias, suas singularidades. É, o viés sempre chega antes, embaçando a nossa visão de realidade. Só a prática de nos colocarmos no lugar do outro diariamente, deixando de agir no piloto automático, é capaz de modificar padrões, hábitos e nos fazer viver um mundo bem mais diverso e interessante.

## Qual são o papel e as atitudes fundamentais do líder inclusivo?

Além de todos os dados para reflexão e discussão, dos exemplos e das referências já mencionados, trago novamente um pouco da minha, ou melhor, da nossa experiência.

Na Apsen, começamos a trabalhar com esse olhar na porta de entrada da nossa empresa. Por isso, não abrimos mão de ter um RH bem treinado, muito afinado com os conceitos de diversidade e inclusão para poder fomentar, buscar e saber entrevistar talentos diversos.

Precisamos ter líderes preparados e que preparam. Temos que encontrar maneiras de tornar o mercado de trabalho mais justo e igualitário, refletindo de fato a população brasileira. Posso afirmar que ultimamente essa tem sido talvez a minha grande prioridade como Vice-Presidente da Apsen. Por isso, durante a pandemia, dediquei muito do meu tempo livre para estudar o tema da diversidade e da inclusão, na busca por iniciativas que realmente mudam o perfil de trabalhadores das grandes empresas. Isso me ajudou a tornar superinclusivo o processo seletivo digital interativo "Brilhe na Apsen", cujo objetivo é atrair diferentes tipos de perfis profissionais para a empresa.

Na contramão da crise econômica, que fez o índice de desemprego chegar a 14% no país,[45] a Apsen entrou em um novo ciclo de planejamento estratégico, visando dobrar de tamanho nos próximos cinco anos, conforme já abordei anteriormente. Para dar sustentabilidade a esse plano, a empresa expandiu sua força de vendas e contratou 160 pessoas (propagandistas farmacêuticos) em um processo marcado, sobretudo, pela inclusão. Não exigimos candidatos com experiência prévia em vendas na indústria farmacêutica, somente que já tivessem atuado na área comercial – e claro, com mais de 18 anos e nível superior completo. Essa foi uma iniciativa inovadora, já que é raro a indústria farmacêutica contratar neófitos, faço questão de destacar.

Logo após o encerramento das inscrições, foi possível perceber que o nosso processo de seleção seria um grande sucesso. Foram mais de 17.600 candidaturas em todo o Brasil para as 160 vagas existentes. O processo foi divulgado amplamente, pois o objetivo também era de incrementar a representatividade da diversidade na empresa. Sendo bem objetiva, pretendemos ter uma equipe formada por pessoas de diferentes idades, etnias e gêneros.

O "Brilhe na Apsen" também se destacou pelo uso maciço da tecnologia: inscrições pela internet, entrevistas feitas por videochamadas e as dinâmicas e os testes de raciocínio lógico e conhecimentos gerais realizados por meio de uma plataforma digital, além do uso de ferramentas de inteligência artificial para a escolha dos candidatos. Ao todo, cinco etapas foram realizadas 100% on-line.

Sempre tive um cuidado profundo com as pessoas que desejam uma vaga na Apsen. Nesse sentido, já comentei e reforço aqui, oferecemos uma palavra amiga aos que sonham trabalhar na Nação

---

[45] CAMPOS, A. C. IBGE estima que desempregados no Brasil sejam 14,4 milhões. **Agência Brasil**, 30 abr. 2021. Disponível em: https://agenciabrasil.ebc.com.br/economia/noticia/2021-04/ibge-estima-que-desempregados-no-brasil-sao-144-milhoes/. Acesso em: 18 maio 2021.

Azul, especialmente aos desempregados que procuram recolocação no mercado. Recebemos regularmente, por diferentes meios, uma quantidade imensa de pedidos de pessoas querendo trabalhar na companhia. Nem sempre é possível ajudar, mas com o auxílio do departamento de Recursos Humanos, respondo a todas elas, agradecendo e promovendo a entrada do cadastro dessas pessoas no nosso banco de talentos.

## A diversidade e a inclusão na voz dos que são vistos como diferentes

Não é só no recrutamento e no formato inovador de aquisição que buscamos e implantamos a diversidade. Criar um ambiente propício para o entendimento de que essa diversidade é de fato estratégica e necessária, e do quanto a inclusão está intrinsecamente ligada a ela é o que nos interessa. Como falamos no início deste capítulo: não existe inclusão se não existir diversidade.

Construir um ambiente inclusivo não é algo que se faça em um passe de mágica nem da noite para o dia, mas é um processo que demanda tempo e mudanças comportamentais e práticas, sobretudo da liderança. Nesse sentido, temos investido em preparar os líderes da Apsen não apenas para que estejam sensibilizados à importância de recrutarmos talentos diversos, mas também para que estejam capacitados a promover o necessário acolhimento. Um ciclo de palestras, com a presença de especialistas no tema, deu início a esse exercício, trazendo muita informação, promovendo a autocrítica e gerando empatia em todo o nosso corpo de líderes. O resultado foi incrível e, tenho certeza, um passo decisivo no desenvolvimento e na consolidação de uma cultura inclusiva que vai marcar os próximos anos da companhia.

Aliás, ao me deparar com esse tema de diversidade e estudá-lo de maneira mais profunda e com a ajuda de profissionais, percebi que esse desejo de inclusão já faz parte de nosso jeito de ser há tempos.

Em 2005, meu pai contratou o Neco, filho de um casal de portugueses que eram donos de um bar que ficava em frente à Apsen. Neco é portador da síndrome de Down.

Um dia, eu estava resolvendo mil questões, mega-atarefada, e ele entrou na minha sala, dizendo: "Rey", é assim que ele me chama, "estou muito feliz hoje!". Então, eu lhe perguntei o motivo de sua felicidade, ao que ele me respondeu: "Porque está sol!".

Só aí eu me toquei de que estava o dia todo tão absorta em minhas tarefas que não havia percebido que dia lindo fazia lá fora. A diversidade nos proporciona isto: olhares diferentes, visões de vida distintas, realidades e prismas variados.

E nada como promovermos o diálogo e o compartilhamento de opiniões para gerar troca, aprendizado e empatia, mudando perspectivas. Inspirada por esses diálogos com pessoas incríveis e de alto impacto em nossa liderança, decidi trazer algumas aqui para "conversar" com você.

Até agora, eu me expressei de meu lugar de fala, de uma executiva em processo de autocrítica e que reconhece que precisa aprender muito sobre o tema, mas com uma disposição enorme de mudar e de multiplicar esses ventos de transformação. Estou extremamente feliz de ter conosco essas pessoas queridas, amigos que os estudos sobre diversidade e inclusão me trouxeram, profissionais respeitadíssimos, que aceitaram meu convite para deixar uma mensagem, a partir do lugar de fala deles. Desde já, gratidão a todos eles por compartilharem, e a você por se abrir para acolher aquilo que eles têm a nos dizer...

# Três ensinamentos que minha deficiência trouxe para minha vida e carreira

**POR GUILHERME MAC NICOL BARA**

**MAC CONSULTORIA EM DIVERSIDADE E CULTURA DE RESPEITO**

66

*Era junho de 1981... E lá estava eu indo com meus pais para a Europa, mais especificamente para a Bélgica, a fim de visitar um médico oftalmologista, referência em retina, para tentar descobrir o diagnóstico relacionado à minha dificuldade, na época, em enxergar em locais escuros.*

*Quarenta anos se passaram... Hoje sou um empreendedor com bastante êxito no meu segmento. Também tive passagens bem-sucedidas no setor público, assim como no terceiro setor.*

*Tenho 43 anos, sou divorciado, pai de uma filha de 10 anos e cego desde os 16, em virtude de uma retinose pigmentar, doença degenerativa que impacta o funcionamento das células da retina.*

*É impossível apontar todas as razões que têm viabilizado essa história ao mesmo tempo exitosa e improvável, mas escolhi três delas que trouxeram (e ainda trazem) um impacto decisivo em minhas conquistas profissionais e pessoais.*

## 1 – RECONHECER AS PRÓPRIAS VULNERABILIDADES

*Durante a adolescência, o processo da perda de visão me trazia uma sensação de ameaça aos planos e desejos de alguém que começa a projetar a vida adulta e, simultaneamente, se vê dentro de um contexto que valoriza os padrões, os grupos sociais. Ter passado quase todo esse período com baixa visão me colocava em um limbo social, em que eu era percebido como uma pessoa praticamente cega* por aquelas que enxergavam e como uma pessoa que enxergava por quem de fato era cego.

Em um momento em que a crise de identidade já está presente em virtude da transição entre infância e vida adulta, aquele cenário me causava grande angústia em relação ao sentimento de pertencimento e às possibilidades de conquistas amorosas e de relacionamentos afetivos.

Por outro lado, minha capacidade de racionalizar e identificar atalhos fez com que eu tivesse uma vida social relativamente ativa, mas, em paralelo, contribuiu para que eu postergasse a possibilidade de eliminar um gargalo que seria fundamental para minha qualidade de vida.

Felizmente chegou um ponto em que as coisas começaram a dar errado. Eu comecei a tropeçar no degrau que eu fingia enxergar, entrava no caminho onde havia uma porta fechada, falava "oi" para a menina errada.

Então, percebi que não dava mais para fingir que minha deficiência visual não existia. A partir daí, um processo de aceitá-la foi desencadeado e, após uma trajetória de conhecimento e análise, percebi o quanto reconhecer essa característica era fundamental para que eu mesmo me relacionasse com ela e, consequentemente, as demais pessoas passassem a interagir comigo de maneira mais leve e espontânea.

No momento que reconheci e aceitei tal deficiência, minha vida começou a decolar em todas as frentes: pessoal, afetiva e profissional. Apoiado nesse processo, passei a notar que sempre que eu reconhecia uma dificuldade ou uma falha, também identificava uma chance real de melhorar a minha atuação profissional e de ser uma pessoa mais feliz.

## 2 – EMPATIA

Acredito muito naquele velho jargão que afirma que sempre estamos vendendo algo, embora em nosso crachá não esteja escrito "vendedor".

*Já fui coordenador de marketing, gerente de RH, consultor de gestão e também vendedor. Quando olho para trás, noto com clareza que a habilidade mais crítica para atuar em todas essas funções foi a capacidade de vender com honestidade um produto, um serviço ou mesmo uma ideia. Para que isso acontecesse, era importante que eu ouvisse o meu cliente que, muitas vezes, era o meu gestor ou mesmo um colega de trabalho.*

*Sempre ouvi que o apropriado seria fazer as perguntas corretas, mas logo percebi que isso não seria suficiente se eu não soubesse ouvir as respostas da maneira mais adequada. De nada adiantaria anotar tudo que meu interlocutor me dissesse, se eu analisasse a resposta com base em minha perspectiva, em meus conceitos e minhas crenças.*

*Percebi que a chance de eu ter sucesso em uma ação estava diretamente relacionada à minha capacidade de ter empatia. Não aquela empatia que diz que você tem que se colocar no lugar do outro, pois, fundamentado em minha experiência, aprendi rápido que isso é impossível. Presenciei várias dinâmicas de grupo nas quais as pessoas colocam uma venda com o objetivo de sentirem o que uma pessoa cega sente. Desde sempre avaliei o quanto esse tipo de atividade é falha, pois proporciona uma situação em que os participantes têm a experiência de não enxergar sob a perspectiva de quem enxerga. Tal postura faz a experiência ser falha. Faz com que os participantes pensem que ser cego é muito mais difícil do que de fato é. Desse modo, reforça um viés presente na sociedade que relaciona diretamente deficiência com incapacidade, e ainda com um agravante: os participantes têm a falsa impressão de que tiveram empatia.*

*Ter empatia é ouvir de maneira respeitosa e acolhedora. É considerar o olhar do outro sem fazer juízo de valor.*

*A empatia é tão desafiadora como termos uma atitude respeitosa. Costumamos respeitar aquilo que entendemos e com que concordamos. Caso contrário, nossa atitude mais comum é não respeitar.*

### 3 – ATITUDE PROTAGONISTA

*A presença da minha deficiência explicitou um dilema que todos vivem, mas não se dão conta. O dilema entre se conformar, sendo passivo diante das injustiças que sofremos, e a possibilidade de ser protagonista, tendo comportamentos que não negam, mas enfrentam as situações com respeito e atitude.*

*É bastante comum, todos os dias, eu me deparar com uma situação em que a falta de acessibilidade me impede, a princípio, de exercer uma atividade, seja profissional, seja pessoal. Esse contexto poderia funcionar como justificativa correta e compreensível para eu desistir, delegar ou simplesmente lamentar a situação e atribuir a responsabilidade da não realização de uma tarefa ao ambiente hostil e inacessível. Uma alternativa bastante razoável, tendo em vista que ela se baseia em dificuldades reais presentes na vida das pessoas com deficiência.*

*Outra escolha é reconhecer as dificuldades, mas, em vez de paralisar e justificar, focar a solução. É identificar caminhos alternativos para viabilizar a execução da tarefa. É buscar um programa de leitura de tela, é interagir de outra maneira e até mesmo pedir ajuda. Sim, pedir ajuda. Algo tão simples, mas que as pessoas, principalmente em posição de liderança, têm verdadeiro pavor de fazer, muitas vezes pelo receio de expor uma dificuldade, uma vulnerabilidade.*

*Eu sou bastante a favor de uma sociedade que crie condições equânimes de oportunidade, em que todos tenham suas singularidades respeitadas e consideradas quando do desenvolvimento de soluções e ferramentas. Mas também sei que todos nós sofremos pelas injustiças cometidas por outras pessoas, assim como somos responsáveis, de modo* consciente e inconsciente, por diversas injustiças que prejudicam os demais. Considero que, em um mundo tão complexo e plural, todos nós somos heróis e vilões.

Uma das consequências de minha postura protagonista perante os desafios é a percepção de que sou uma pessoa e um profissional que tem foco na solução. Fatores que têm contribuído decisivamente para que, cada vez mais, pessoas e empresas se lembrem de mim ao precisarem de uma solução.

Reconhecer minhas vulnerabilidades, praticar a empatia e ter uma postura protagonista tem sido decisivo para que hoje, mais que uma condição social de conforto, eu tenha tranquilidade em saber que mantenho relações honestas, respeitosas e, sobretudo, leves... Com amigos e clientes que se sentem à vontade para dividir, compartilhar e interagir de maneira saudável e espontânea comigo.

## Contra o preconceito e a intolerância

**POR GABRIELA AUGUSTO**
**TRANSCENDEMOS CONSULTORIA EM DIVERSIDADE E INCLUSÃO**

❝

Devo dizer, em primeiro lugar, que é com muita felicidade que escrevo minha contribuição para este livro. Felicidade que advém do movimento global de empresas que estão colocando em pauta o tema de diversidade e inclusão (D&I). Estamos em meio a uma onda irrefreável de organizações que passaram a olhar os direitos das mulheres, pessoas negras, LGBTQIA+ e de outros grupos sub-representados.

O tema de D&I me é particularmente caro. Sou uma mulher trans e negra, passei pelo processo de transição de gênero e não me vi representada nos lugares onde gostaria de trabalhar. Pensava em mandar o currículo para determinada vaga, mas... logo vinha o questionamento: "Serei bem recebida nessa organização?". Infelizmente esse foi um sentimento comum que se somou a uma série de outras situações de preconceito e intolerância que surgiram paralelamente à minha transgeneridade.

Com o objetivo de fazer com que outras pessoas não vivenciassem problemas pelos quais eu estava passando, criei um "manual de diversidade", que distribuí de porta em porta, em empresas nos bairros próximos de onde eu morava. Essa jornada acabou me trazendo uma série de bons frutos: aprendi sobre os desafios que as organizações enfrentavam ao promover uma cultura de respeito e quais eram os principais remédios para tratar tais barreiras. Foi nesse momento que criei a Transcendemos, uma empresa de consultoria em diversidade e inclusão.

Hoje, passados quatro anos desse momento inicial da minha jornada, posso dizer que muita coisa mudou. Há um número crescente de empresas investindo em ações de conscientização e treinamento, recrutamento, employer branding e outras estratégias para aumentar a diversidade em seu quadro de colaboradores. De um lado, muita coisa mudou, de outro, vários desafios ainda permanecem.

Quando olhamos para a demografia das grandes organizações, percebemos com facilidade o baixo número de mulheres e pessoas negras em posições de liderança. Se analisarmos o número de pessoas trans ou com deficiência, o gap se torna ainda mais visível.

Além da demografia, podemos mencionar os desafios relacionados à inclusão. Mais do que manter um quadro de colaboradores formado por pessoas com diferentes características, é importante fazer com que elas se sintam pertencidas. Adicionalmente ao pertencimento, é fundamental que seja promovido um ambiente de trabalho onde as pessoas se sintam felizes e livres para ser quem são.

*Para promover essa mudança, é fundamental que haja intencionalidade. Líderes, gestores e colaboradores de maneira geral devem arregaçar as mangas e pensar: o que podemos mudar no nosso dia a dia para que nossa organização se torne mais inclusiva?*

*Não é uma pergunta com resposta simples. Não existe uma receita universalmente aplicável a qualquer organização. Não é algo que se mude da noite para o dia.*

*A boa notícia é que o ponto de partida para essa jornada parece ser claro: ouvir mais. Antes de pensar em mudanças de processos, treinamentos e outras ações, é essencial que as lideranças das empresas tracem um diagnóstico e um mapa de barreiras relacionadas à diversidade e à inclusão. Nesse sentido, podem ser utilizadas entrevistas,* workshops *imersivos e até mesmo um censo da diversidade e da inclusão.*

*Somente com uma estratégia cocriada, definida de maneira empática, observaremos o avanço dessa pauta dentro das nossas organizações. É uma responsabilidade de todos nós. Mesmo aqueles que não são LGBTQIA+ podem ser aliados na luta contra a LGBTQIA fobia. Quem não é negro pode se engajar na busca por igualdade racial.*

*Desse modo, com o objetivo de tornar as empresas mais diversas e inclusivas, de criar oportunidades para pessoas como eu, é que venho trabalhando. É uma vitória saber que o tema D&I está cada vez mais em discussão.*

Nossa! Meu coração se enche de alegria em ganhar amigos e parceiros de jornada que me ensinam tanto e, mais ainda, uma honra que eles tenham aceitado deixar suas importantes experiências e contribuições neste livro.

Tenho convicção de que você encontrou e vai encontrar, a cada releitura, em cada um desses depoimentos, algo precioso para ajudá-lo em sua busca por novos talentos, por uma empresa mais justa, humanizada, igualitária, rentável e sustentável, porque é disso que se trata quando implementamos a diversidade e executamos a inclusão na nossa cultura organizacional.

Tome isso para você, para o seu negócio, e comece agora mesmo! Eu lhe asseguro: vale muito a pena em todos os sentidos! Juntos somamos forças por um mundo mais igualitário! Vamos nessa?

Espero que tenha gostado deste capítulo. Para ter acesso a materiais exclusivos e outros conteúdos que preparei sobre esse tema e sempre atualizo com muito carinho, capture o QR Code aí ao lado.

https://www.renataspallicci.com.br/sucesso-e-o-resultado-de-times-apaixonados/diversidade-e-inclusao

## Capítulo 8

# FORME O TIME CERTO E REMUNERE MUITO BEM

Parece óbvio, mas não é: todo líder precisa aprender a formar o time certo e entender que é necessário remunerar bem os talentos.

Ninguém nasce líder, tampouco sabendo disso, concorda? Eu aprendi. Aprendi, por exemplo, que precisamos hoje do time que vai construir o futuro com que sonhamos. E esse aprendizado não foi fácil. Como a essência da Apsen é cuidar de pessoas, e vivemos uma atmosfera de muito amor, meu pai e eu tivemos duras lições para enxergar que algumas pessoas que ajudaram a construir a empresa, que tinham verdadeiro amor pela camisa e para com as quais nós sentíamos imensa gratidão, não estavam preparadas para atuar na empresa daquele novo momento e muito menos seriam capazes de levar a Apsen aonde desejávamos e estamos hoje. Foi duro, mas precisávamos também encarar que nem sempre as pessoas que têm amor à camisa e vontade são, necessariamente, as que têm mais competência, energia e, acima de tudo, conexão com o nosso propósito.

O colaborador que ama a empresa como ela sempre foi não necessariamente é o ideal para construir a empresa do futuro. É duro reconhecer isso. Entretanto, precisamos de colaboradores apaixonados pelo que a companhia quer ser, pelo nosso futuro, e não aqueles presos ao passado e resistentes a mudanças, porque não se veem nesse futuro.

Quando comecei a estudar sobre startups, entendi quanto é importante compreender e aplicar esse ensinamento. Eu me lembro de que, ao ler o livro *Organizações exponenciais*, percebi que as pessoas que criavam uma empresa do zero, aquela da qual todo mundo duvida, são as que têm paixão pelo propósito, pela construção, por um modelo dinâmico, enxuto, um modelo até desenfreado de trabalho (não ter dia nem hora para trabalhar, por exemplo). Muitas histórias me vieram à memória e se repetiram na minha coleção de estudos, a de empresários e executivos que no início dormiam nos seus negócios, viravam 24 horas obcecados pelo seu sonho, por resolver algum problema. Em contraponto, observei que quando essas startups crescem e precisam de uma governança, de um *compliance*, de uma projeção de futuro mais estruturada, nem sempre são essas mesmas pessoas, as que ajudaram a fundar a empresa, que irão levar a companhia adiante, para onde ela precisa ir. Essa questão me levou ao aprendizado inicial deste capítulo: temos de saber formar o time certo!

## Forme times de alto desempenho, não famílias

Tive outras lições importantes também por meio dos livros sobre a Netflix,[46] pelos quais fiquei obcecada. Apesar de, em muitos aspectos, os exemplos da Netflix serem bem diferentes dos da Apsen (e espero que continue assim!), eu sigo me inspirando neles e os adaptando à nossa realidade.

Em um desses livros, aprendi que não devemos chamar nossos colaboradores de família. São conceitos diferentes. Em uma família, você não manda ninguém embora nem o promove; na empresa, sim. Para mim, que apenas vivi a realidade da Apsen, isso foi uma das coisas mais renovadoras que aprendi.

Você deve enxergar seus colaboradores como um time de alto desempenho. Se fizermos uma analogia com o esporte, vamos perceber que muitos clubes demitem talentos, sim, porque em

---

[46] REED, H.; MEYER, E. **A regra é não ter regras:** a Netflix e a cultura da reinvenção. Rio de Janeiro: Intrínseca, 2020.
MCCORD, P. **Powerful:** como construir uma cultura corporativa de liberdade e responsabilidade. São Paulo: Benvirá, 2020.

determinado momento aquele colaborador não é necessário. Isso não significa que ele não seja admirado, amado ou mesmo amigo. É que, naquele instante, ele apenas não é adequado para aquela posição, para aquela "temporada". Quando entendi isso e comecei a olhar para a Apsen dessa maneira, percebi quantas pessoas talentosas saíram e das quais, no entanto, eu continuo amiga e reconheço o talento. Temos exemplos de pessoas que, inclusive, voltaram depois de um período.

Em um time de alta performance, é dessa maneira que acontece, pessoas são substituídas. Justamente porque, em determinado momento, não estão sintonizadas com os desafios atuais e futuros da empresa. Na Apsen já fazíamos isso de maneira intuitiva, mas a explicação só veio depois. Hoje eu acredito muito em formar o time certo e remunerar muito bem. Aliás, já pensou se os seus principais líderes escolhessem o próprio salário? Pois na Apsen isso já aconteceu.

Retomando o conceito de *Golden Circle*, criado por Simon Sinek, e as ideias de Marcus Lemonis, um dos empresários mais famosos da atualidade, que em seu programa de TV, o *reality show The Profit* (*O sócio*, no Brasil), sempre aponta os 3 Ps – pessoas, processos e produtos – fundamentais para o sucesso de uma empresa,[47] eu afirmo que as pessoas precisam estar no centro de tudo. Afinal, são elas que vão desenvolver os processos e os produtos.

Assim, é preciso formar times preparados, com algumas características essenciais. E três perguntas simples podem ser um bom início:

---

[47] TONIN, J. H. 3 passos simples para alavancar sua empresa. **Blog Uniom Team**, 8 maio 2017. Disponível em: https://uniom.team/3ps-sucesso-empresarial/. Acesso em: 5 jun. 2021.

### As pessoas do seu time concordam com os valores e o propósito da empresa?

É o básico, o mais importante, saber se as pessoas que trabalham com você estão alinhadas com o que de fato é essencial no seu negócio: quem são e o que querem fazer.

### Elas se apaixonaram pela sua narrativa de futuro?

Ou seja, elas estão comprometidas com o que você deseja construir?

### Elas têm background, competência técnica, para levar a empresa até lá?

Sobre este último aspecto, claro que uma parte da competência técnica a empresa pode ajudar a desenvolver. No entanto, isso vai depender de o líder ter ou não tempo para isso. Muitas vezes você não dispõe desse tempo e busca o talento pronto no mercado. Portanto, ter essa clareza – se existe ou não tempo para desenvolver o talento – é fundamental. Caso contrário, você corre o risco de desgastar a relação com quem está chegando e ainda não está pronto, e também a relação com o seu time. Vale lembrar que uma equipe boa e competente, que joga junto, precisa de pares competentes.

Talvez você esteja se perguntando: "Salário alto é o suficiente para reter os talentos?"

O salário é a base da retenção, mas não é, nem de longe, toda a solução. Diversas pesquisas apontam que oportunidade de crescimento na carreira, desenvolvimento e aprendizado estão entre os principais fatores de motivação entre gerentes e diretores. Remunerar seus colaboradores minimamente de acordo com o mercado e os talentos acima do mercado é fundamental. Contudo, o que de fato retém talentos são a cultura e o clima empresarial recheados de benefícios diferenciados, meritocracia, bônus, desafios e paixão pela construção de futuro.

## Se deseja trazer novos jogadores do mercado, remunere à altura

Isto é a base: se você quer os melhores, remunere à altura. Senão outra empresa vai roubá-los de você ou eles nem irão para a sua empresa, porque já estarão ganhando muito bem.

Temos que nos assegurar de que a nossa equipe de alta performance está bem. Que as nossas pessoas estão tranquilas, que na nossa equipe não tem gente inquieta pensando nas contas a pagar ou sonhando se seriam mais valorizadas financeiramente em outro lugar. Os líderes precisam querer que a equipe tenha certeza de que está no emprego certo, está sendo extremamente bem-remunerada pelo seu desempenho e que é reconhecida.

Uma coisa eu aprendi e apliquei por meio do que vi no caso da Netflix: as pesquisas salariais, o que sempre fiz na Apsen, são referências importantes, mas elas trabalham com a chamada mediana. É preciso monitorar o mercado, é preciso saber quanto está valendo no mercado o passe daquele seu colaborador talentoso. E isso você só sabe conversando com eles, com eles participando eventualmente de processos seletivos, para que saibam do próprio valor no mercado. Entretanto, é preciso ter algo claro em mente: a mediana do que se paga no mercado não é a realidade na vida dos melhores talentos.

Enfim, remuneração adequada é tão básica quanto necessária, mas não é o diferencial.

O que é essencial e faz a diferença é a densidade de talentos. E isso eu também aprendi com os livros sobre a Netflix!

"
**Isto é a base: se você quer os melhores, remunere à altura.**
"

Pode notar: gente boa gosta de trabalhar com gente boa, gosta de aprender e de estar em um espaço de troca, onde todos contribuem. Onde existem, sim, desavenças, discordâncias, desafios, mas há embasamento, porque as pessoas com as quais você está discutindo são competentes. Observe: quem só concorda, muitas vezes, tem medo de se expor ou baixa capacidade de discussão e de argumentação. Concluindo: equipe forte precisa de gente boa, porque quando colocamos um elo fraco, isso desestimula e desacelera o time, fique ligado.

Você pode até já ter passado por uma situação parecida, procure lembrar. Ou, ainda, talvez você se dê conta de já ter tido uma pessoa mediana na equipe e demorou a decidir retirá-la do time e já tenha se perguntado, quando reparou que tudo mudou pra melhor depois de finalmente desligar essa pessoa: "Como pude ter alguém assim na equipe? Como essa pessoa estava fazendo tão mal para todo o time?". Essa pessoa talvez não tivesse as competências necessárias e nem correu atrás para desenvolvê-las, seja por falta de percepção do momento ou por insegurança, por medo ou mesmo por ser centralizadora. Essa última razão, aliás, pode ser um sintoma da chamada "síndrome do pequeno poder", uma das doenças corporativas que precisa ser tratada.

Veja bem, não há mais lugar para alguém que não compartilha conhecimento, que centraliza, que acha que o poder está em manter consigo a informação privilegiada... Essa pessoa não tem mais espaço na realidade do mundo Bani, na velocidade em que estamos vivendo, diante do fenômeno das startups que estão aí nascendo do nada, de um sonho, e pivotando de uma maneira avassaladora, e conquistando o mercado em dois, três anos. Então, perceba: você não tem mais tempo a perder com pessoas que têm essa síndrome, porque isso pode abater sua equipe, principalmente se você é ou busca ser uma empresa de alta performance.

## O que são equipes de alta performance?

Além de contar com membros que se identificam com o propósito da empresa, como já falamos, uma equipe de alta performance precisa ser diversa, compartilhar de valores, objetivos e da sua visão de futuro.

Elas estão sempre engajadas e alinhadas com os objetivos estratégicos da empresa. Geralmente, uma equipe assim vai ajudá-lo a qualquer custo, porque também quer "chegar lá". E, se você souber unir o que há de melhor em cada um, é justamente por causa desse mix de conhecimentos, bagagens e ideias que as pessoas de um time de alta performance vão conseguir levar a organização a melhores resultados.

Em resumo, se você tem o objetivo de desenvolver uma equipe de alta performance, a primeira atitude é entender quais características já existem em sua equipe e quais ainda precisam ser desenvolvidas e/ou fortalecidas.

### LIDERANÇA

Uma liderança bem definida é, sem dúvida, uma das principais características para que uma equipe seja considerada de alta performance. Não pode haver dúvidas entre os membros da equipe a quem recorrer e a quem cabe a decisão final. Os líderes precisam ainda ser presentes nas rotinas de trabalho, incentivando e inspirando seus liderados.

### AUTOGERENCIAMENTO

Por mais que autogerenciamento possa parecer que estamos prescindindo de liderança, o que tornaria contraditório o tópico anterior, o foco aqui está na autorresponsabilidade que todo membro de uma equipe de alta performance deve ter. Mesmo com presença do líder, o liderado deve se responsabilizar por suas decisões e pela execução de suas tarefas.

## MULTIDISCIPLINARIDADE

Uma importante característica de equipes de alta performance é a multidisciplinaridade, com as habilidades individuais se complementando e todos colaborando a fim de alcançar os resultados mais positivos.

## OLHAR PARA O FUTURO

Pensar à frente e antecipar o futuro são competências de equipes de alta performance. Um comportamento que ajuda a prever problemas e situações que possam trazer resultados negativos ao desempenho coletivo.

## ESCUTA ATIVA E COMUNICAÇÃO PLENA

Saber se comunicar é um fator cada dia mais essencial para todos os profissionais, mas equipes de alta performance vão além e fazem isso de modo irretocável. Os membros de um time assim entendem que praticar a escuta ativa e se comunicar com precisão e eficiência impacta diretamente nos resultados. Realização de reuniões periódicas de acompanhamento e meios formais de feedback e de comunicação interna são ferramentas essenciais nesses times.

Outros fatores também são essenciais para o fortalecimento de uma equipe de alta performance:

- Elaboração de metas factíveis, mas desafiadoras;
- Definição e acompanhamento de indicadores de desempenho;
- Aprimoramento da comunicação interna;
- Plano de treinamentos para desenvolvimento de colaboradores;
- Política de recompensas agressiva.

Depois de verificar quais dessas características precisam ser melhoradas em sua equipe, que tal pensar em desenvolver um planejamento de capacitação? Antes disso, porém, vamos tratar de um detalhe importante: cuidado com os excessos.

## Você tem uma equipe de alta performance ou está explorando as pessoas para ter sucesso? Tem certeza de que não está "tirando sangue" delas?

Eu asseguro a você: uma verdadeira equipe de alta performance não precisa ser sangrada, porque ela entrega os resultados de modo feliz. Ela se autogerencia e gosta de ser pressionada (no bom sentido, claro!) porque tem densidade de talento, porque tem prazer em se sentir desafiada. Porque tem maturidade e comprometimento, e acaba se auto-organizando de maneira estruturada, por sua pluralidade e diversidade se torna multidisciplinar, alcançando assim – ou até mesmo superando – a entrega desejada.

Uma equipe de alta performance antecipa as necessidades do futuro, está sempre pensando à frente, provocando, trazendo informações e buscando tendências. Uma equipe que é inquieta o suficiente para que você, líder, não deixe passar nenhuma novidade importante para o seu negócio, que tenha uma comunicação bastante assertiva e aberta, e um nível de colaboração e união gigantesco. O comprometimento de uma equipe assim é com resultados de alto nível.

Por tudo isso, fique atento: em uma empresa que busca o sucesso, não existe espaço para feudos, para áreas distintas e segmentadas. Uma empresa de sucesso deve ter equipes que somam e se complementam. E as de alta performance são assim.

## Exemplos sempre nos ajudam a entender os modelos

O esporte nos fornece vários grandes exemplos da combinação de sucesso e alta performance, e um deles é o velocista Usain Bolt. O atleta jamaicano conseguiu atingir um sucesso enorme pela constância de resultados positivos, acumulando recordes e sucessivas conquistas.

Sem dúvida, o homem mais rápido do mundo possui talento inerente e um corpo perfeito para a prática do atletismo: panturrilha longa, tendão de aquiles elevado e quadril enxuto. Aliás, Bolt não está sozinho nessa. A Jamaica é famosa por ser um celeiro de campeões olímpicos. Contudo, o que torna esse pequeno país caribenho, com cerca de 3 milhões de habitantes, uma potência olímpica com tantos velocistas?[48]

De acordo com um estudo realizado pela Universidade de Glasgow,[49] liderado por Yannis Pitsiladis e Errol Morrison, os velocistas olímpicos jamaicanos têm como ancestrais antigos guerreiros de uma região no noroeste da África Ocidental. Segundo os

---

[48] CUNHA, T. DNA define talento de atletas nascidos para vencer. **Mais Esportes**, 24 jan. 2014. Disponível em: https://www.superesportes.com.br/app/19,66/2014/01/24/noticia_maisesportes,52045/dna-define-talento-de-atletas-nascidos-para-vencer.shtml. Acesso em: 14 jun. 2021.

[49] O QUE é necessário para ser um atleta de alto rendimento? **FuniBlogs**, 11 dez. 2017. Disponível em: https://blogs.funiber.org/pt/esportes/2017/12/11/funiber-atleta-rendimento/. Acesso em: 5 jun. 2021.

pesquisadores, o estudo do DNA do sangue de atletas jamaicanos encontrou a marca genética desses guerreiros africanos e uma proteína específica relacionada à velocidade. Em contrapartida, se o talento nato (no caso, genético) pode determinar o rendimento de um esportista de elite, sabemos que há ainda outros fatores essenciais para o sucesso, como, no caso de Bolt, uma mente altamente forte e dedicação e disciplina nos treinamentos.

Outro exemplo de alta performance no esporte e que pode nos inspirar vem da Inglaterra: no dia 2 de maio de 2016, a modesta equipe do Leicester City tornou-se a campeã da mais rica liga de futebol do planeta, a Premier League, que reúne times milionários e conta com uma restrita lista de apenas cinco clubes campeões ao longo da história. Em seus 130 anos, o Leicester nunca havia vencido a competição. Na temporada 2015-16, porém, a equipe teve uma campanha surpreendente – 23 vitórias, doze empates e apenas três derrotas – e tornou-se não apenas a campeã da Premier League, mas também um exemplo, para o mundo inteiro, da união de talento, dedicação e organização, que resultam em alta performance e sucesso.[50]

Grande parte do mérito da conquista repousou no talento nato de três de seus principais atletas: o jamaicano Wes Morgan, capitão e grande líder da equipe, fundamental na campanha vitoriosa; o meio-campista argelino Riyad Mahrez, grande maestro da equipe, com dezessete gols e onze assistências; e o incisivo atacante inglês, Jamie Vardy, autor de 24 gols na temporada.

Ainda assim, além dos tantos talentos, talvez o grande diferencial do Leicester tenha sido a construção de um time com as peças certas nas posições certas. E isso foi mérito do treinador italiano Claudio

---

[50] DINIZ, G. Esquadrão Imortal: Leicester City 2015–2017. **Imortais do futebol**, 9 fev. 2018. Disponível em: https://www.imortaisdofutebol.com/2018/02/09/esquadrao-imortal-leicester-city-2015-2017/. Acesso em: 14 jun. 2021.

> **Uma empresa de sucesso deve ter equipes que somam e se complementam.**

Ranieri, que conseguiu unir e organizar a equipe, além de trabalhar fortemente o aspecto psicológico de seus atletas. O sucesso de Ranieri foi tão espetacular que ele terminou a temporada faturando, entre outros, os prêmios de melhor técnico da Premier League, melhor técnico do mundo pela Federação Internacional de Futebol (FIFA) e a Ordem do Mérito da República Italiana. Sem dúvida, o Leicester é um excelente exemplo de como formar um time talentoso e de alto desempenho.

## Contratação de pessoas de alta performance requer olhar para a porta de entrada com carinho

Não custa lembrar o velho jargão que segue atual: "Demore para contratar, mas demita rápido". Portanto, namore muito, faça o processo seletivo cada vez mais estruturado, crie metodologias diferentes que funcionem para sua cultura corporativa e para alcançar os seus desafios.

Já comentei anteriormente que, na Apsen, por exemplo, não temos um modelo de contratação engessado. Aplicamos modelos diferentes. Nós temos uma etapa de RH bem estruturada, nossas recrutadoras – temos um time todo feminino nessa área – são extremamente capacitadas e conectadas com o nosso propósito e com a nossa essência. E aí entra aquele cuidado que eu já citei: elas precisam reconhecer se as pessoas têm os mesmos valores da Apsen e se vão se apaixonar pela nossa narrativa de futuro. Só depois dessa etapa é que vem competência e sinergia com o time, que é validado pelo gestor solicitante da área em parceria com o RH. Note: se o profissional não tiver passado pelo filtro inicial, ele nem chegará a essa etapa. O filtro inicial é a base da nossa essência, precisamos de um time alinhado com nossos valores, nosso propósito e apaixonado pela nossa visão de futuro.

Na Apsen, também escutamos a opinião de pessoas de áreas que terão relação com esse provável contratado. Enfim, nossos processos são disruptivos, como é o caso do "Brilhe na Apsen", que trouxe um formato novo e on-line de recrutar e selecionar os talentos.

O modelo que aplicamos, para além da nossa cultura, pode ser adaptável a cada vaga, a cada necessidade. Todos esses cuidados precisam ser tomados na contratação.

## PARA ALÉM DO RECRUTAMENTO

Também é preciso saber identificar qualquer dificuldade na entrega. O líder tem o papel de cuidar das pessoas, identificar essas situações, mapear se tem algo a fazer para ajudar e separar se é um momento pessoal ou se é dificuldade técnica ou comportamental.

Todas essas questões precisam ser tratadas com carinho, respeito e responsabilidade, porque talvez não seja nada disso. Pode ser falta de aderência, ou o profissional simplesmente não ter se apaixonado pelo nosso futuro, ou, ainda, ter alguma resistência. Se for esse o caso, esse colaborador não pode continuar fazendo parte da organização, pelo bem dele, pelo bem do time.

Ainda na sequência da contratação, é preciso ter todo o cuidado possível com o desenvolvimento das pessoas. Tanto para a área de Desenvolvimento Humano e Operacional (DHO) da Apsen, quanto para a de Capacitação e Treinamento de Vendas, nós buscamos os melhores recursos, oferecendo o que há de melhor no mercado para as nossas equipes.

Porém, acima de tudo isso, desse carinho, dessa vigilância pela qualidade nos treinamentos de capacitação e desenvolvimento, nós compreendemos que cada indivíduo é responsável pela própria carreira. Uma equipe de excelência e performance não joga essa responsabilidade só para a empresa. Ela vai, igualmente, correr atrás do seu melhor. Todos da equipe vão.

Fazer uma gestão apurada, curada e próxima sempre da questão salarial, como já disse, cuidar da meritocracia, independentemente da metodologia aplicada, é uma prática na Apsen. Temos avaliações de desempenho semestrais, recompensas e bônus inteligentes, assim como sempre colocamos novos desafios e aplicamos nosso sistema de indicadores que devem refletir o nosso planejamento estratégico e a nossa visão de futuro. Desse modo, conseguimos acompanhar, mapear e mensurar a entrega de cada colaborador, de cada equipe, de maneira bastante apurada.

Isso é o suficiente para se entender que cuidar da organização é cuidar das pessoas. Então, eu lhe pergunto: o que vem antes, o sucesso ou a alta performance? Depois de pensarmos juntos sobre tudo isso, você, com certeza, já sabe a resposta para essa pergunta.

## Equipes mais enxutas são mais produtivas!

Sim, eu acredito fortemente que equipes menores são mais produtivas do que equipes grandes. Já vi times com quatro pessoas terem resultados melhores do que uma equipe com o dobro de membros, no mesmo tempo.

A consultoria QSM citada por Carl Erickson, fundador e presidente da Atomic Object, afirma que equipes pequenas são dramaticamente mais produtivas do que equipes grandes. A diferença está nos números, segundo comprovação da pesquisa. No projeto pesquisado, a tarefa era o desenvolvimento de 100 mil linhas de código. Um time de vinte pessoas demorou 8,92 meses, enquanto que um time de cinco pessoas demorou 9,12 meses para realizar o mesmo projeto e com cinco vezes menos defeitos! Ou seja, quatro vezes menos pessoas, produziu um resultado melhor e com apenas poucas semanas a mais de trabalho.

O que se percebe é que uma equipe com muitas pessoas gasta muito tempo para se comunicar e, ainda assim, não consegue o fazer de maneira assertiva, o que leva a desperdícios e, consequentemente, resultados menos positivos.

## Equipes pequenas são mais coesas, mais fáceis de serem bem gerenciadas e mais colaborativas

Eu mesma já testei, na Apsen, em vez de duas ou três pessoas medianas, ter uma talentosíssima que, claro, acabou produzindo por todas as medianas juntas. Por isso, repensar aquela questão do salário para um colaborador de alta performance é fundamental para quem quer ter resultados melhores. A folha de pagamento muitas vezes não reflete o bom desempenho, se é que você está pensando mesmo em uma boa gestão de pessoas. Revise-a de vez em quando.

Outro ponto importante é o formato da equipe. Independentemente do tamanho, misturar pessoas medianas com as de alta performance em um mesmo time pode ser um complicador. Um alerta que eu pesquei no livro *A regra é não ter regras*, um dos livros sobre a Netflix já citado aqui antes, é interessante para ilustrar isso: indivíduos com desempenho razoável em uma equipe de alta performance podem reduzir o desempenho de toda a equipe.

Traduzindo em números, se você tem uma equipe com cinco funcionários incríveis e dois razoáveis, os razoáveis vão:

- Minar a energia dos gestores: eles ficarão com menos tempo para aqueles de alto desempenho;
- Reduzir a qualidade das discussões em grupo, diminuindo o QI geral da equipe;
- Forçar as pessoas a desenvolverem maneiras de contorná-los, reduzindo a eficiência;
- Levar os integrantes da equipe que buscam eficiência a se demitirem;
- Mostrar à equipe que você aceita mediocridade, multiplicando o problema.

Cá entre nós, podemos, sim, ter um ambiente de trabalho ágil e inovador, composto por pessoas altamente talentosas, de diferentes realidades, idades, com perspectivas diversas, mas que se somam e realizam quantidades significativas de trabalho importante, e colaboram entre si de maneira eficaz.

Quando formamos uma equipe de alta performance do tamanho ideal estamos apostando em obter os melhores resultados e ganhar o mercado, correto? Então, uma frase do norte-americano Donald Rumsfeld, Secretário de Defesa dos Estados Unidos durante a Guerra do Iraque, fecha bem este capítulo: "Você entra em uma guerra com o exército que tem, não com o que quer ou deseja ter mais tarde".[51]

Ou seja, se quer ganhar, você precisa contratar, agora, a sua equipe do futuro.

---

[51] ACKERMAN, S. Donald. Rumsfeld Wants to Give You the Most Ironic Life Lessons Ever. **Wired**, 14 maio 2013. Disponível em: https://www.wired.com/2013/05/rumsfelds-rules/. Acesso em: 14 jun. 2021.

## O futuro é agora, quando se trata de formar a melhor equipe

A gente tem que praticar futurologia sempre, quando se pensa na equipe de que vai precisar. E isso, via de regra, ocorre quando temos que contratar alguém rapidamente ao sermos pegos de surpresa com a saída de algum colaborador importante.

Portanto, algumas necessidades precisam ser identificadas nessas horas:

- Identifique o(s) problema(s) que precisa resolver e o prazo para isso;
- Qual o tipo de pessoa que será bem-sucedida nisso e o que ela precisa saber fazer;
- O que é preciso fazer (enquanto empresa) para estarmos prontos e aptos, e quem é essa pessoa que precisamos contratar?

## Boas equipes precisam estar em constante evolução

Lembre-se do alerta feito neste capítulo: a empresa é um grande time, não uma família.

Assim como os grandes times procuram novos jogadores para escalar, um líder precisa estar sempre em busca de novos talentos e pensando em como reconfigurar seu time.

Seguindo essa analogia de jogo, as boas equipes são formadas justamente quando é necessário enfrentar grandes desafios e o momento é difícil. A empresa, quando quer contratar um profissional de alta performance, deve procurar alguém que se empolgue de fato com os problemas que precisam ser resolvidos.

Em uma hora de inovação, também é necessário ter cuidado com a contratação. É justamente esse o momento de pensar se é o caso de trazer alguém da concorrência. Será? Talvez o ideal seja o contrário!

Por falar em concorrência, aí entra de novo a questão do valor do salário.

Nesses momentos, também é preciso identificar os cargos com maior potencial de aumento de desempenho de sua empresa, reconhecer as estrelas. E então, sim, pagar o melhor salário do mercado, para ter certeza de que você vai ter nessas funções os melhores profissionais. A maioria dos cargos cruciais para os negócios deve ser preenchida por talentos de primeira linha e que queiram ter compromisso com a realização dos objetivos, das metas e dos propósitos. Isso é bem diferente de terem a expectativa de que, enquanto derem duro, estarão seguros na empresa.

Mas atenção! Embora você tome todos esses cuidados, às vezes poderá cometer erros de contratação. As pessoas poderão não crescer tanto quanto você esperava, e até as necessidades da empresa podem mudar. Quando isso acontecer, talvez precise fazer algo muito difícil: demitir um bom funcionário, tendo em mente a possibilidade de conseguir um ótimo.

Também nesse momento aquela história de "somos uma família" pode atrapalhar. Uma empresa com alta densidade de talento, como já foi dito aqui, não é uma família. Quando você estiver buscando um talento, precisando fazer sua equipe evoluir, não se esqueça disso.

---

Espero que tenha gostado deste capítulo. Para ter acesso a materiais exclusivos e outros conteúdos que preparei sobre esse tema e sempre atualizo com muito carinho, capture o QR Code aí ao lado.

https://www.renataspallicci.com.br/sucesso-e-o-resultado-de-times-apaixonados/forme-o-time-certo-e-remunere-muito-bem

"

**A empresa é um grande time, não uma família.**

# Capítulo 9

# CONFIE
## NO TIME

Ter um time com densidade de talentos, firme, forte e certo exige confiança. E em todos os sentidos: do líder em cada talento, de cada talento no time e de cada talento no líder.

Contudo, antes de entrar nesse fator gerador de soluções, porque é disso que se trata, gostaria de mostrar como isso se dá em um nível mais complexo, quando falamos de alguns países bastante desenvolvidos.

Nos países em que as democracias são consideradas mais evoluídas e sólidas, como Noruega, Suécia e Dinamarca, a população confia nas pessoas ao redor. Copenhague, na Dinamarca, é considerada a cidade mais feliz do mundo e se encontra entre aquelas com maior índice de confiança no planeta.

Os povos das cidades mais felizes do mundo (segundo o índice Felicidade Interna Bruta – FIB, reconhecido pela Organização das Nações Unidas – ONU), que estão nesses países, têm alto índice de confiança recíproca, chegando, de acordo com a Pesquisa Mundial de Valores (WVS),[52] a superar os 60% em algumas cidades e 77% em outras. Sabe onde o Brasil se encontra nesse índice? Com média abaixo de 10%, junto de outras nações latino-americanas, como a Bolívia, por exemplo. Triste, não?

Como gestores, líderes de equipes, responsáveis pelo gerenciamento de pessoas e trabalho, nós temos a obrigação de aprender a praticar confiança todos os dias. Não só para melhorar como pessoas, mas para ajudar a melhorar nosso país!

Confiança tem relação intrínseca com felicidade, como vimos na pesquisa acima. Ela é uma das bases da felicidade, não o contrário. Assim, se queremos ter uma equipe feliz, em uma empresa feliz,

---

[52] WVS Wave 6 (2010–2014). **World Values Survey**, 2020. Disponível em: https://www.worldvaluessurvey. org/WVSDocumentationWV6.jsp. Acesso em: 5 jun. 2021.

precisamos saber atuar e transmitir confiança no trabalho. Todas as organizações exponenciais, todas as culturas de startup, que eu adoro lembrar, têm um nível de confiança grande.

Honestidade, integridade e coerência são o tripé que assegura um estado de confiança dentro de uma organização. Honestidade é condição *sine qua non* para gerar confiança. Integridade, vamos falar sobre isso daqui a pouco, a partir da minha experiência. E coerência é o que mantém a confiança em pé. Se não estivermos apoiados nessa tríade de valores, não será possível praticar e obter confiança.

Vamos a um exemplo: o Facebook é considerado uma empresa que elevou os padrões, em termos de resultado, por conta da confiança inerente que a empresa deposita em seus colaboradores. Para se ter uma ideia de como isso está enraizado no processo, todas as equipes desfrutam da confiança plena da gerência. Qualquer uma delas pode lançar um novo código no site sem supervisão. Pode parecer absurdo, mas com a reputação de cada colaborador em jogo, ninguém vai entregar algo malfeito. Todos acabam se esforçando muito para que não haja erros. No Vale do Silício, o Facebook é considerado mais ágil do que qualquer outra empresa no lançamento de códigos de alta complexidade. Mesmo que a gente não entenda exatamente o que são esses códigos, o exemplo, citado também no livro *A era da integridade*, de Luiz Fernando Lucas[53], ilustra bem o grau de confiança interno necessário para se conquistar um título como esse.

---

[53] LUCAS, L. F. *op. cit.*

# Confiança corporativa:
## a base de qualquer operação

Vou trazer o exemplo da Apsen aqui também – é o que me diz respeito e posso contar tudo com mais fluidez, afinal vivo e pratico esse valor diariamente. Sou responsável pela área de Governança, Riscos e *Compliance* (GRC). Ou seja, a essência da nossa confiança está sob a minha gestão e eu cuido com o maior carinho, zelo e respeito.

Essa área nasceu a partir do nosso planejamento estratégico, a fim de trabalhar a sustentabilidade do negócio e mitigar riscos. Hoje, ela está muito atrelada à nossa cultura corporativa. Um dos aspectos mais relevantes e evidentes que a GRC busca preservar é a nossa integridade, um valor presente em todas as nossas funções.

A integridade rege o nosso código de conduta – que é, como se diz, a nossa Bíblia de *dos and don'ts* –, no qual estão pautadas todas as nossas atitudes, o nosso jeito de fazer as coisas na Nação Azul.

Na Apsen, olhamos essa questão da confiança corporativa com muito afinco, aproveitando todas as oportunidades para mantermos as pessoas e a companhia seguras. A integridade é um valor inegociável e deve ecoar em todas as nossas relações em cada instância, seja ela comercial, com credores ou clientes, seja nas nossas relações públicas com associações, órgãos de governo municipais, estaduais e federais.

Estamos sempre atentos ao nosso protagonismo, no quanto ele está alinhado com a ética, com as leis. Isso diz muito sobre a nossa empresa e também sobre as nossas relações de confiança. Os nossos colaboradores sabem que estão em um lugar seguro, de respeito, e que eles admiram.

Dentro da integridade corporativa que praticamos, estão a nossa responsabilidade social, na qual reside o cuidado com as pessoas, a responsabilidade ambiental, que está no cuidado com os resíduos e o meio ambiente, no respeito à diversidade. Todos esses aspectos compõem a confiança gerada pela nossa marca, pela qualidade dos nossos produtos e dos processos. É essa confiança macro que desemboca na confiança que geramos em cada equipe. É com ela que conduzimos a nossa gestão.

A escolha do time certo, como dito no capítulo anterior, parte dessa premissa. Saber escolher a equipe certa – já falamos sobre o que é necessário – tem que, sobretudo, gerar confiança para os dois lados envolvidos. É uma via de mão dupla que precisa ser checada sempre: confiar no outro! De líder para a equipe e da equipe para o líder.

Uma pesquisa da Oracle, empresa de tecnologia, realizada entre novembro e dezembro de 2020, com 9 mil pessoas em quatorze países, incluindo o Brasil, revelou dados assustadores: 75% dos consumidores e líderes empresariais confiam mais em um robô (inteligência artificial) para gerenciar as finanças do que em um ser humano.[54] Em um levantamento da Gallup, investigando seu banco de dados global, também se comprovou essa desconfiança.

> Apenas três em cada dez pessoas creem em seus líderes. E esse comportamento tem consequências sérias para as empresas: um profissional que desconfia da chefia costuma estar planejando a saída da companhia, além de não ter interesse em se engajar na estratégia nem em realizar novos projetos.[55]

---

[54] ESTUDO Global: 75% dos brasileiros confiam mais em robôs do que em humanos em relação ao dinheiro. **Oracle**, 10 fev. 2021. Disponível em: https://www.oracle.com/br/news/announcement/money-and-machines-2021-02-10.html. Acesso em: 5 jun. 2021.

[55] NÓR, B. 7 em cada 10 profissionais não confiam nos chefes. Veja o que fazer. **VC S/A**, 5 abr. 2020. Disponível em: https://vocesa.abril.com.br/carreira/3-em-cada-10-profissionais-nao-confiam-nos-chefes-veja-o-que-fazer/. Acesso em: 5 jun. 2021.

Mas não sejamos tão pessimistas e vamos aprender a virar esse jogo, certo? A mesma pesquisa mostrou que:

> quando as pessoas confiam, elas têm duas vezes mais a intenção de permanecer na empregadora no período de um ano. Ainda segundo o relatório da Gallup, é a relação com os gerentes que define o tipo de ambiente que uma empresa terá – e se as pessoas se sentirão seguras ou não.[56]

Checar o nível de confiança é sempre importante, fica o alerta.

As pessoas, quando não se sentem confortáveis e confiantes, não desempenham, só reagem, a fim de se proteger.

É preciso ter cuidado com o excesso de regras desenhadas sob a ética da desconfiança: horário de entrada e saída rígidos, revistas em funcionários e uma série de elementos que produzem esse sentimento. Uma das explicações mais recorrentes para essa cultura tóxica é o fato de muitos "chefes" terem posições de gestão sem estar realmente preparados.

## Confiança se constrói

A confiança é algo muito sutil. Uma vez quebrada, não se recupera! Esse elo é o que fortalece as relações interpessoais e ele necessita ser muito bem-cuidado.

Um líder tem que estar atento às suas próprias atitudes na relação com a sua equipe. As regras e os combinados do dia a dia devem estar claros para as partes.

---

[56] *Ibidem.*

> Uma relação de confiança em um ambiente de trabalho cria espaço para a cooperação, o comprometimento, a circulação de ideias inovadoras, superação das diferenças, aumentando a satisfação no trabalho e a melhora da comunicação,

pontua Arlete Vasconcelos ao citar o consultor e palestrante Eduardo Shinyashiki.[57]

Ser claro e construtivo na relação e na comunicação com os colaboradores é uma premissa básica não só para gerar confiança junto à equipe, como também para a manutenção e a solidez dessa prática. É desse modo que procuro cuidar da comunicação na Apsen. Faço questão de sublinhar isso aqui, pois acredito que também seja uma maneira de checar o nível de confiança que eu transmito e se a recíproca é verdadeira. Penso nisso diariamente!

Para mim, esse cuidado é algo precioso. Procuramos ser claros e transparentes nos nossos diálogos (e isso deve ser semeado nas equipes), pois somente assim a confiança estará sempre presente e traduzirá a qualidade das nossas relações.

## Confiança em todos os momentos

O fluxo tem que permanecer aberto. A intimidade entre o líder e os colaboradores tem que existir independentemente da situação que a gerou. Qualquer insegurança, medo ou dúvida precisa ser comunicada ao líder, e este deve estar sempre disposto e disponível para receber esses sentimentos e entendê-los. Se, na primeira situação desconfortável, o líder sentir e tiver abertura para conversar, ele mitiga boa parte dos

---

[57] VASCONCELOS, A. F. L. Por que é importante ter confiança. *In*: MUNIZ, A. *et al*. **Jornada Business Agility**. Rio de Janeiro: Brasport, 2021. p. 142–143.

> Os nossos colaboradores sabem que estão em um lugar seguro, de respeito, e que eles admiram.

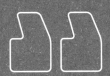

problemas. Se não – é bom observar –, a situação foge do controle e o problema que poderia ser resolvido vai se tornando cada vez maior.

Para gerar confiança (e obter resultados!) precisamos apoiar, cooperar, compartilhar, apostar na flexibilidade e entender os momentos frágeis das pessoas. É, lidamos com pessoas, lideramos pessoas, não podemos nos esquecer disso.

Precisamos estar com o nosso time na alegria e na tristeza. E, como em toda relação de compromisso, quando acontece um erro, você tem que estar junto, tem que blindar o time, tem que protegê-lo de retaliações. Exemplificando melhor: se, em uma equipe, alguém é acusado de um erro e todos estavam juntos na ação, ou o líder estava ciente ou participando ativamente, o líder precisa "dar a cara para bater". Claro que conversando e orientando, mas jamais expondo sua equipe. Ou seja, nada de abandonar o colaborador, hein? Quando dá tudo certo, o mérito é do líder e, quando dá errado, a falha é do colaborador? Não, de maneira alguma.

Confiança também requer reconhecimento. Precisamos reconhecer os talentos, dar nomes e autoria aos que são responsáveis por bons resultados ou mesmo por atitudes que agregam um diferencial para a empresa ou para o projeto. Também temos que estar ao lado do colaborador quando ele comete uma falha, conversando com ele, capacitando-o, corrigindo a rota. Afinal, muitas vezes, o profissional erra tentando acertar. Então, é importante dar sinceros e construtivos conselhos, demonstrar claramente que acredita no potencial das pessoas, estar junto.

Isso significa ir além do trabalho, como nos diz Shinyashiki, conhecedor de métodos e segredos de relacionamentos corporativos. É primordial olhar para os problemas pessoais do colaborador com empatia.[58]

---

[58] *Ibidem.*

Vou abrir um parêntese aqui. Pode parecer um destaque de gênero, mas não é. Eu, que sou uma entusiasta das mulheres, tenho obrigação de pontuar a maternidade como uma dessas horas de cuidado com o outro. Esse é um momento de mudanças físicas e emocionais em que as mulheres podem se sentir mais frágeis e precisam de muito acolhimento. E um bom líder deve estar junto, presente, importar-se de verdade com as alegrias, mas também com as dificuldades, mesmo longe do trabalho, ou que podem surgir no retorno ao posto, para que nada abale a entrega dessa profissional em um período tão especial da vida, no qual a plenitude que ela está vivendo deve ser entendida e respeitada.

## Confiança, mais do que nunca, agora

Autonomia e liberdade com responsabilidade também são geradores de confiança. E esses são dois fatores interessantes para debatermos sobre.

Segundo pesquisa da FlexJobs, o trabalho remoto cresceu 115% na última década. Não há como negar que é uma tendência mundial. O mito de que a produtividade acontece apenas das 9h às 18h está sendo derrubado.[59] Cada vez mais as empresas estão aderindo ao *home office* ou a profissionais 100% remotos.

Em especial, nós gestores, temos sido chamados para confiar nos times que formamos. Confiança é palavra de ordem no atual momento de especulações, medos e inseguranças. Estamos longe dos nossos colaboradores, mas não podemos apenas "estar de olho",

---

[59] COSENZA, B. Confiança: 10 maneiras de construi-la dentro das empresas. **Vittude Corporate**, 24 maio 2021. Disponível em: https://www.vittude.com/empresas/confianca-dentro-das-empresas. Acesso em: 17 jun. 2021.

como muitos que ainda insistem em "vigiar". Devemos estar presentes, remotamente, para impulsionar os trabalhos, atrair positividade, gerar entusiasmo e não deixar a força de vontade esmorecer. Precisamos ouvir sobre as dificuldades e buscar soluções junto com a equipe. Envolver todos em um problema que, no momento, pode ser de um, mas que, eventualmente, pode atingir a todos.

## Pedir opinião e ouvir sugestões, a hora é agora

Vulnerabilidade não é motivo de vergonha, nem para o líder, nem para o colaborador. A partir do momento que as pessoas perdem o medo de expor as suas fragilidades e são ouvidas, o ambiente se torna mais seguro e elas passam a confiar umas nas outras. Isso deve funcionar e ficar explícito também no caso do trabalho remoto. Quantas pessoas têm dificuldade de trabalhar em casa? Quais problemas elas enfrentam por não estarem com o líder ou um colega ao alcance para resolver uma questão na hora? Fazer-se presente, mesmo remotamente, é importante. Coloque-se disponível para os seus colaboradores.

Lembre-se: a confiança não está mais relacionada a estar presencialmente em um lugar, mas a entregar um trabalho de qualidade no prazo estipulado.

Nesse contexto, é bom lembrarmos também da meritocracia. É uma excelente oportunidade de ser colocada em prática. Nesse tempo de maior dificuldade, de adaptação, de descobertas de outras maneiras de focar, trabalhar e entregar resultados, precisamos fazer valer o bom desempenho e demonstrar isso à equipe, para que todos os membros percebam essa atenção e esse reconhecimento. O mesmo vale para uma situação de entrega da equipe: reconhecer o trabalho do grupo para toda a empresa, institucionalizar o elogio, dividir a satisfação com todos, a fim de que se sintam fortalecidos por fazerem parte desse time. Todos estamos procurando descobrir o melhor caminho para nos mantermos confiantes no futuro, e "fazer parte" é extremamente precioso. Sabe o inevitável "tamo junto"? Pois agora ele é, mais do que nunca, fundamental!

**Espero que tenha gostado deste capítulo. Para ter acesso a materiais exclusivos e outros conteúdos que preparei sobre esse tema e sempre atualizo com muito carinho, capture o QR Code aí ao lado.**

https://www.renataspallicci.com.br/sucesso-e-o-resultado-de-times-apaixonados/confie-no-time

## Capítulo 10

# ACABE
## COM OS LADRÕES DE TEMPO

**"As pessoas são frugais em guardar suas propriedades pessoais; mas assim que chega a hora de desperdiçar, elas desperdiçam mais a única coisa em que é certo ser mesquinho."**[60]
**— Sêneca**

**M**ais de dois mil anos nos separam desse pensamento do filósofo estoico romano. No entanto, insistimos em colocar travas nos processos para a segurança do nosso negócio. É hora de refletir sobre isso. Não adianta nada desaprender para aprender, formar time certo, implantar confiança, se a máquina emperra na burocracia, ou "burrocracia", que muitas vezes nomina melhor o que nos impede de seguir com mais agilidade e resultado.

Uma primeira recomendação para aprofundar esse assunto é: se você confia na sua equipe, diminua a burocracia. Fácil? Não. Por isso, vou novamente me valer de alguns estudos para ilustrar o quanto o excesso de regras pode paralisar ou derrubar as organizações. Depois vou expor algumas ideias para minimizar esse problema.

Gary Hamel e Michele Zanini, fundadores do Management Lab, uma ONG dedicada a descobrir e divulgar processos e práticas inovadoras no mundo da gestão, realizaram uma pesquisa, publicada por Helena Oliveira no site VER, em fevereiro de 2021, tendo como foco a burocracia no mundo.[61]

Segundo o estudo, entre os 32 países que fazem parte da Organização para a Cooperação e Desenvolvimento Econômico (OECD), a

---

[60] SEIS técnicas da filosofia estoica para você gerenciar o seu tempo. **FASBAM**, 2021. Disponível em: https://fasbam.edu.br/2021/01/29/6-tecnicas-da-filosofia-estoica-para-voce-gerenciar-o-seu-tempo/. Acesso em: 17 maio 2021.

[61] OLIVEIRA, H. "Humanocracia" pretende revolucionar o mundo da gestão. **VER — Valores, Ética e Responsabilidade**, 26 fev. 2021. Disponível em: https://www.ver.pt/humanocracia-pretende-revolucionar-o-mundo-da-gestao/. Acesso em: 17 maio 2021.

perda por causa da burocracia chega a quase 9 trilhões de dólares por ano. Só nos Estados Unidos, o excesso de burocracia leva a uma perda de 3 trilhões de dólares por ano.

Em pequenas e médias empresas, estima-se que haja um gasto de 2.500 reais por dia com processos burocráticos, segundo estudo encomendado pela multinacional Sage à consultoria Plum:

> Isso equivale a 135 dias por ano pedidos com questões burocráticas. Entre as atividades que mais tomam tempo dos gestores e colaboradores estão: contabilidade (21%), emissão de notas fiscais (15%) e recursos humanos (12%). No Canadá, por exemplo, o número cai para 1,7%.

No Brasil então, apesar de não termos estudos mais aprofundados sobre o tema, nossa própria vivência diária, principalmente com o serviço público, nos faz ter a dimensão desse problema.

Encomendada pela Confederação Nacional da Indústria (CNI) e pelo Instituto Brasileiro de Opinião Pública e Estatística (Ibope), a pesquisa Retratos da Sociedade Brasileira reforça essa percepção:

- 77% dos entrevistados veem o Brasil como um país burocrático ou muito burocrático;
- 74% concordam total ou parcialmente que o excesso de burocracia nas organizações desestimula os negócios, incentiva a corrupção e a informalidade e leva o governo a gastar mais do que o necessário;
- 77% dos entrevistados acreditam que esse é um dos maiores obstáculos ao crescimento da economia brasileira;
- 75% acham que o excesso de burocracia eleva os preços dos produtos e serviços.

A questão que propomos é: como reverter essa enorme perda econômica, sem, por outro lado, perder controles e processos implementados com objetivos de melhores resultados?

## Repensar processos para ganhar tempo e empreender com agilidade

No mundo Bani, lógico que as disfunções burocráticas podem ser ainda maiores pela fragilidade e não linearidade, tentando compensar com burocracias para gerar mais segurança, por exemplo, pois a realidade é cada vez mais tecnológica e tudo está se movendo com mais velocidade. Os mercados são mais rápidos, os ciclos de inovação, especialmente das startups, são menores, o que implica na simplificação dos negócios. O Nubank – startup brasileira pioneira no segmento de serviços financeiros – chegou para quebrar paradigmas no sistema de aquisição de clientes pelos bancos tradicionais, de uma maneira radical, sem burocracias e o melhor (ou pior para a concorrência!): do dia para a noite.

Pois é, hoje, temos tecnologias trabalhando para simplificar processos ganhando muito espaço. É preciso estar atento a essas inovações que nos ajudam a repensar nossos negócios para melhor. Devemos também ficar de olho nas nossas equipes, se elas são ou não desestimuladas pelas burocracias corporativas, principalmente quando as empresas estão em fase de crescimento.

Aqui, mais uma vez, compartilho a minha experiência na Apsen.

Adoro estudar processos inteligentes, e, nesse sentido, descobrimos (o importante é descobrir junto com sua equipe!) que:

- Mapear processos significa diminuir etapas desnecessárias;
- Eliminar trabalhos duplicados ou funções que canibalizam outras pode gerar impacto positivo no resultado e na folha de pagamento;

- Encontrar uma área ou etapa em que a tecnologia pode ser uma grande parceira, buscando as oportunidades de automação. Nesse sentido, hoje existe uma oferta de empresas de serviço especializadas em diagnosticar a "dor" da sua organização, o seu "problema", e desenvolver soluções inovadoras e personalizadas para simplificar o seu processo;

- Ter uma boa estrutura de governança, auditoria e *compliance*, porque isso, sem dúvida, fortalece qualquer necessidade de mudança de rota para eliminação de etapas burocráticas. Sobre essa questão, acho que este capítulo merece mais um exemplo da Netflix. Eles retiraram a política de férias e têm um nível de confiabilidade muito grande em relação aos relatórios de despesas de seus colaboradores. Nesse sentido, propuseram dois formatos de prestações de contas para os gestores, que têm autonomia total para escolherem o que preferem:

  » O gestor tem um pouco mais de dedicação e trabalho para acompanhar e checar os relatórios dos colaboradores, orientando e direcionando caso encontre alguma falha no que foi apresentado e oferecendo uma segunda chance para que a situação não se repita;

  » O gestor apresenta as regras para os seus colaboradores, não analisa nenhum relatório e, se houver alguma falha, pequena ou grande, detectada pelo departamento de auditoria, o colaborador pode ser demitido sumariamente.

Essa segunda opção, em uma grande empresa, geralmente funciona por amostragem, mas um dia ela pode revelar um *gap* com relação ao excesso de confiança que precisa ser revisto. Aqui também, quando a tecnologia é bem empregada e plugada no sistema, pode mitigar riscos automatizando a auditoria, ajudar a agilizar processos e eliminar papéis.

Em resumo, se temos um time bem formado, coeso, maduro, com remuneração justa, trabalhando sob uma base de confiança mútua, ele é capaz de assumir a responsabilidade sobre as regras de autogestão propostas pela empresa. Regras que precisam ser colocadas, implantadas. E, para isso, a equipe deve ser bem treinada.

Para assegurar essa qualidade de gestão, lembre-se: é preciso ter um modelo. E qualquer modelo pede a prática do alinhamento: quanto mais autonomia, mais ele deve ser constante para que a burocracia não emperre os processos, para que se evitem os ladrões de tempo e de dinheiro, se pensarmos que uma coisa leva à outra.

Esse alinhamento deve ser feito pensando em como a empresa se organiza, quais são as reuniões realmente importantes e quais são as prioridades.

Equipe boa tem que ter tempo para produzir. E reuniões sem fim são prisões de tempo! Então, menos apresentações de PowerPoint e mais produtividade. Menos perfumaria, menos estética, mais análise e execução.

Um aprendizado nisso tudo? Quando perceber o seu time preocupado com animações, gráficos, tabelas, dados, *designs* de apresentações para reuniões do dia a dia, é porque tem algo muito errado acontecendo. Importante deveria ser a equipe trazer conteúdo, análise de dados, propostas, soluções e não apenas formalizar e enfeitar uma enxurrada de informações. Guardem a perfumaria e os *slides* incríveis para a hora de encantar clientes, fornecedores e parceiros, apresentando a empresa institucionalmente.

## Você pratica a agilidade e eficiência que cobra? Como o seu time percebe isso em você e na empresa?

Sua equipe percebe como você organiza o seu tempo? Percebe como você valoriza o seu tempo e o deles? Ela valoriza o próprio tempo de

> **Equipe boa tem que ter tempo para produzir. E reuniões sem fim são prisões de tempo!**

trabalho? De que maneira você demonstra confiança na equipe para que ela haja com autonomia? Você instituiu regras bastante claras e objetivas sobre o tempo de trabalho e as entregas?

Essas são perguntas que você, como líder, deve se fazer todo o tempo.

E há mais algumas: você precisa explicar a explicação? Alinhar o alinhamento? Dizer o que precisa ser levado na reunião? Ou validar o que precisa ser apresentado na reunião? Ajudar o colaborador a melhorar o que ele se propôs a apresentar?

Perceba quanto tempo você pode acabar perdendo para fazer uma reunião!

Tudo isso são os tais ladrões de tempo – que podem passar batido, se você é centralizador, inclusive.

Uma equipe de talentos pega no ar, realiza, ajuda a minimizar a quantidade de reuniões. Para sustentar essa sua equipe de talentos, fomente o ócio criativo, sim. Porque ele depende do tempo, é nele que surgem as melhores ideias.

Para alimentar sua equipe de talentos, sua área de tecnologia precisa ser obcecada pela "usabilidade do usuário", e aqui me refiro também ao usuário interno, ou seja, saber o que seu time precisa para trabalhar e qual o melhor sistema ou melhores sistemas, se forem muitos. Tais sistemas precisam ser intuitivos, ter acesso fácil e único para todos, boa performance, ser rápidos – não podem demorar um século para carregar, por exemplo – e amigáveis, para que, quando entrar um novo colaborador, você não tenha que perder um tempão para treinar a pessoa. Seu time de estrelas, atento, selecionado e valorizado com tanto carinho, não deve perder seu precioso tempo por causa da má performance de sistemas.

Percebe como é importante todas as áreas da empresa trabalharem com o objetivo de minimizar ou eliminar ao máximo as burocracias, a fim de melhorar suas políticas internas e externas, tornando a operação sempre mais ágil?

# Diminuindo a burocracia na empresa

A primeira forma de entender até que ponto uma empresa possui "custos" desnecessários com burocracia é verificando as seguintes questões:

- Há maior quantidade de gerentes do que o necessário para as camadas de gestão?
- Há excesso de processos (desnecessários, atrasando a tomada de decisão)?
- Perde-se muito tempo para a solução de problemas internos?
- A empresa possui muitas restrições à autonomia do colaborador?
- Há muitas dificuldades para enfrentar riscos?
- Há muitas dificuldades para a realização de mudanças proativas?
- Gasta-se muita energia com disputas de poder e de influência?

Nem todos esses custos podem ser facilmente medidos, claro. No entanto, isso reforça a importância de identificá-los para diminuí-los.

A burocracia não emperra os negócios somente internamente. Ela reflete na ponta, no seu cliente, e na percepção do seu concorrente, que vai fazer de tudo para provar que ele não tem travas e vícios de processo, e a sua empresa tem.

Recentemente, li um artigo sobre esse tema com dicas e orientações do Rafael de Souza e da Raíssa Kill, ambos do Sebrae-SP, que achei muito pertinente. Compartilho com vocês um pouco do que absorvi dessa leitura.[62]

---

[62] LAGOS, R. Identifique os 'ladrões de tempo' e seja mais produtivo. **Sebrae**, 1 out. 2020. Disponível em: http://www.sp.agenciasebrae.com.br/sites/asn/uf/SP/identifique-os-ladroes-de-tempo-e-seja-mais-produtivo,2f9e3efd366c4710VgnVCM1000004c00210aRCRD/. Acesso em: 18 maio 2021.

# Como gerenciar melhor o seu tempo

O primeiro passo para fugir dos ladrões de tempo é se afastar das armadilhas que esses "meliantes" montam para todos nós.

## ARMADILHAS

### Procrastinação

Procrastinar faz parte da natureza humana! É normal ter em nosso dia a dia algumas atividades das quais gostamos menos e que acabamos deixando para depois. Porém, quando essa atitude se torna um hábito, você pode perder o controle das suas tarefas e se atrapalhar com prazos;

### Falta de planejamento

Um dos maiores vilões da gestão de tempo é a falta de planejamento. Se você não se planeja, corre o risco de se perder no tempo e, ainda pior, aumenta a probabilidade de não conseguir alcançar os resultados desejados para o seu negócio;

### Não saber dizer "não"

A vontade de ajudar e de colaborar pode ser um outro grande problema. Por mais que queira ser colaborativo e participativo, evite assumir atividades pouco importantes que interrompam sua rotina. Aquilo que não for essencial para os resultados não deve estar em seus primeiros planos.

### Distrações

Consulta a e-mails, sites e redes sociais, além das reuniões improdutivas, são os maiores ladrões do tempo.

Em relação a esse último item, vou falar do método que empregamos na Apsen.

## DICAS

### Concentre-se em uma única tarefa por vez (sim, é possível!)

Nada pior do que começar muitas atividades e não encerrar nenhuma delas. Por isso, concentre-se em uma atividade por vez e a conclua antes de passar para a próxima;

### Que tal reduzir os imprevistos?

Dividindo as suas tarefas em várias pequenas etapas, você pode começar e terminar uma de cada vez;

### Organize as atividades similares

Organizar as atividades em "blocos" de acordo com sua semelhança pode ser uma boa forma de ser mais produtivo. Por exemplo: bloco de visitas externas (clientes, bancos, fornecedores) e bloco de atividades internas (resposta de e-mails, envio de orçamentos a clientes, noticiários, atualização de redes sociais);

### Anote suas atividades diárias

Já parou para ver quanto tempo você se dedica para cada atividade diária? Ao anotar de hora em hora o que foi feito, você certamente vai se assustar com alguns desperdícios, e isso pode ajudá-lo a eliminá-los. Alguns aplicativos podem ser úteis nessa reorganização, como Todoist, Trello ou Google Keep.

## COMO EVITAR PERDA DE TEMPO COM REUNIÕES — A METODOLOGIA APSEN

Na Apsen, procuro administrar o meu tempo e o tempo da minha equipe de modo a não correr o risco de perdermos a nossa produtividade, tendo muito claro que ser ocupado não é o mesmo que ser produtivo.

Desse modo, faço alinhamentos semanais de trinta minutos com os meus diretos – são sete diretos que se reportam a mim na Apsen. Sobre essa quantidade, até dez reportes diretos ainda é um número adequado para que um líder possa acompanhar as entregas.

Esse é o formato que encontrei para oferecer autonomia para esses gestores que se reportam diretamente a mim. Desse modo, consigo me manter a par de tudo, orientá-los, saber quais são os projetos relevantes.

Temos também uma reunião semanal com todo o time de diretos na minha VP, uma reunião mensal de resultados para todos os gestores da empresa e outra com o presidente, na qual eu e os demais vice-presidentes reportamos os resultados de todas as áreas, em um período de três a quatro horas.

Ao longo do ano, meu time e eu fazemos um mergulho também na nossa cultura organizacional e na conexão do time, quando realinhamos os nossos propósitos enquanto áreas diferentes e complementares. Nessas horas, somos os guardiães da Nação Azul. E enquanto tais, repetindo aqui o nosso propósito maior, devemos "atuar como elo de toda a Azul, zelando pela sustentabilidade do jeito Apsen de ser".

Em oportunidades como essa, reafirmamos e rediscutimos o que esse propósito significa naquele momento – porque, ao longo do tempo, temos consciência de que ele vai mudando –, assim como reavaliamos e subscrevemos esse comprometimento, aumentando, assim, a nossa afinidade e elevando a nossa confiança.

Também faço, mensalmente, uma reunião de feedback com a minha equipe, na qual apresentamos pontos de melhoria, para trabalhar a nossa evolução tanto na visão deles sobre a minha atuação, como na minha visão sobre a atuação deles. E o que tem sido bastante produtivo e um presente para mim como gestora é testemunhar o crescimento e as promoções dentro da minha própria equipe.

Essas reuniões vão pouco a pouco consolidando a confiança nas nossas relações, ao mesmo tempo que nos dão a oportunidade de discutirmos e experimentarmos melhorias que desburocratizem e enxuguem nossos processos. Se a decisão tomada em conjunto de abolir determinado procedimento dá certo, seguimos assim; caso contrário, retornamos ao modelo anterior. É uma maneira simples, prática e eficiente de revisitar as práticas, melhorar nossos processos e combater os famigerados ladrões de tempo.

Voltei ao início de nossa conversa: confiar no time é a principal chave para poder desburocratizar e simplificar processos, acredite. Construa relações de confiança, ganhe tempo, produtividade, dinheiro e qualidade de vida!

---

**Espero que tenha gostado deste capítulo. Para ter acesso a materiais exclusivos e outros conteúdos que preparei sobre esse tema e sempre atualizo com muito carinho, capture o QR Code aí ao lado.**

https://www.renataspallicci.com.br/sucesso-e-o-resultado-de-times-apaixonados/acabe-com-ladroes-de-tempo

> **Confiar no time é a principal chave para poder desburocratizar e simplificar processos.**

## Capítulo 11

# DESAFIE
## O FUTURO

Se você quer garantir a existência da sua empresa ou do seu emprego em um futuro próximo, você precisa estar diariamente desafiando o futuro.

"Qualquer gestor deve entender que o sucesso de ontem não significa o êxito de hoje e muito menos o de amanhã [...]. A única certeza que temos é que tudo o que dá certo hoje, não vai funcionar amanhã." Essa frase é do meu amigo Lásaro do Carmo Júnior em seu livro *O que importa é seu resultado*.[63] Compartilho do mesmo pensamento e, como muitos líderes e empresários, tenho vivido essa verdade na Apsen.

Nesse tal mundo Bani, eu diria que nós mudamos a todo instante. Na verdade, temos que mudar, porque precisamos entender que o futuro precisa ser pensado hoje, mas já na perspectiva de amanhã.

Mudar – como já comentamos antes – significa: "Hoje, se você não estiver causando sua própria disrupção, alguém estará; seu destino é ser o disruptor ou o disruptado. Não há meio termo".[64]

Esse pensamento de David S. Rose condensa algumas reflexões e práticas necessárias que abordaremos aqui. A primeira delas é um bom exercício, caso você não esteja pensando lá na frente: "Qualquer empresa projetada para o sucesso no século XX está fadada ao fracasso no século XXI". Precisamos enfrentar esse desafio. Como podemos mudar a nossa cultura empresarial constantemente, já que vivemos as inovações e devemos pensar no futuro e exercitá-lo o tempo todo, mas o dia a dia nos consome?

Primeiro, sugiro que você reflita sobre a seguinte frase: "A cultura devora as nossas estratégias, todos os dias, no café da manhã das organizações". Acredita-se que seja de Peter Drucker, um dos maiores pensadores do mundo da gestão moderna, porém não encontrei a fonte

---

[63] CARMO JR., L. **O que importa é seu resultado**: faça uma revolução estratégica em seu negócio e potencialize seu lucro em qualquer cenário econômico. São Paulo: Gente, 2020.

[64] ISMAIL, S.; VAN GEES, Y.; MALONE, M. S. *op cit.*

com precisão. Bem, seja quem for o autor, a afirmação é a mais pura verdade, não é? Imagine que tudo o que aprendemos nas escolas de negócios ficou obsoleto. Pensar em planejamento estratégico de longo prazo hoje é obsoleto para muitos negócios, é uma verdadeira perda de tempo querer fazer previsões de futuro em um futuro tão incerto.

Aqui é preciso abrir um parêntese sobre o mercado farmacêutico, no qual a Apsen (e eu) está inserida. Nesse segmento, os ciclos de inovação são mais longos, em função das burocracias, bem como dos estudos de eficácia e segurança e clínicos que exigem aprovações técnicas mais demoradas e cuja execução também demanda bastante tempo. No nosso caso, o planejamento estratégico de longo prazo ainda é necessário (e será por muito tempo) para que possamos organizar hoje nosso portfólio que estará no mercado em sete ou dez anos. Se não tivéssemos uma visão de futuro superestruturada, não teríamos como planejar o crescimento da fábrica (pensando no período necessário para construção e, principalmente, aprovações técnicas e atendimento a legislações) a tempo do lançamento do produto. Afinal, isso precisa ser organizado para manter um portfólio grande, com diferentes produtos oferecidos ao longo do tempo e que serão produzidos em diferentes linhas de produção, cada uma com a sua complexidade. Esse é só um exemplo do arcabouço de ações que precisamos planejar para realizar nossos objetivos.

Contudo, se a nossa visão de futuro de longo prazo se faz tão necessária pela particularidade de operação do nosso mercado, os planejamentos de marketing e a gestão das pessoas da nossa Nação Azul devem ser sempre repensados. Os ciclos ficam cada dia mais enxutos para se planejar estratégias de divulgação de produtos, fomentar conversas com profissionais da saúde, pacientes, sociedade. E, acima de tudo, assegurar que nosso time esteja sempre atualizado das mudanças e mantê-lo inquieto em busca de novas soluções.

## Como manter o foco na operação atual e no ecossistema da organização, mas de olho no futuro?

Essa é a dor maior dos líderes. É bastante complexo manter o controle da operação, garantindo a entrega do resultado no presente, ao mesmo tempo em que nos dedicamos para obter maior eficiência na aplicação das bases sem deixar que o nosso modelo se torne obsoleto. Muitas vezes, temos que trocar o pneu com o carro andando, essa é a questão.

Hoje, um líder precisa trabalhar com a sua equipe pelo resultado do mês, do ano, mas sempre pensando nos desafios do futuro o tempo inteiro. E é nessa hora que é preciso ter controle sobre a operação, o que exige muita disciplina, melhoria contínua dos processos, monitoramento constante da redução de riscos na operação, sobretudo financeiros. O que significa que devemos ter todo o cuidado para garantir o faturamento, o fluxo de caixa e o retorno sobre o investimento. Afinal, são os resultados do presente que nos permitirão investir no futuro.

Vou citar novamente Lásaro do Carmo Júnior, a fim de facilitar a compreensão da importância de estarmos atentos aos nossos critérios de realizar uma boa gestão de caixa. Ele afirma que a maioria das empresas não quebra por fatores como depressão da economia ou má gestão, simplesmente. As empresas fracassam por descontrole do fluxo de caixa, principal vetor para o seu sucesso. O cuidado com o caixa é fundamental para o empresário, o líder e o gestor que pensam no futuro.

Eu já passei na Apsen por alguns momentos de crise financeira. Aquela hora de precisar olhar para o caixa, como foi em 2007, e sentir na pele a dor de não conseguir parar para pensar no futuro, de não ter recursos para investir nesse futuro. É, não adianta só enxergar uma oportunidade e querer vivê-la, quando você está "vendendo o almoço para pagar o jantar", como diz o ditado popular.

Isso provou, e por isso compartilho aqui, que pensar e realizar o futuro exige um planejamento financeiro estruturado e, antes de qualquer outra necessidade, requer investimento.

Por falar em investimento, uma pesquisa realizada pela agência britânica Reuters com 1.900 organizações globais e divulgada pela consultoria Bain & Company[65] revelou outro perigo iminente na gestão do caixa da empresa: os investimentos em pesquisa e desenvolvimento diminuíram nos últimos anos, enquanto a distribuição de lucros aumentou. Isso revela algo bastante preocupante: a maioria das organizações prefere remunerar seus acionistas no curto prazo, em vez de investir na longevidade da empresa, buscando inovação. Isso é praticar o imediatismo! Exatamente o oposto do que fazemos na Apsen e que tem nos gerado resultados incríveis de longo prazo.

A pandemia de covid-19, por exemplo, contribui para mudar essa mentalidade e provocar uma nova realidade nos próximos anos, com as corporações entendendo a necessidade vital de investir em pesquisa, desenvolvimento e novas tecnologias.

## O líder deve ser o articulador e criador do futuro, além de encarar os riscos

Novas soluções têm que ser buscadas de maneira recorrente, e o nosso papel, enquanto líderes, deve ser o de pesquisar em outros ambientes além dos nossos. Pensar exponencialmente deve ser a nossa meta se quisermos ter em vista o futuro enquanto trabalhamos hoje. Não devemos ficar amarrados a crenças e modelos já existentes, ou mesmo velhos. Isso já ficou claro. Precisamos encarar os desafios.

---

[65] MAGALDI, S.; SALIBI NETO, J. *op. cit.*

Falando nisso, meu pai me desafiava desde pequena. Ele sempre me instigou a não pensar igual a todo mundo, a não adotar o mais fácil ou o que a maioria faz. Isso com certeza fez e faz diferença no meu modo de encarar a vida e a liderança. Àqueles que não tiveram um presente como esse, sugiro que se inquietem sempre. Incomodem-se com o fácil, porque isso pode mudar muito a sua vida e a da sua empresa.

A inquietude deve estar presente o tempo todo, tanto quanto nos inspira esse mundo Bani. Não podemos nos conformar nem nos acomodar com o momento da empresa, por melhor que ele seja. É preciso, como lembra Cassio Grinberg, já citado em capítulos anteriores, "*hackear* o sistema atual na busca do novo".[66]

Para buscar o novo, há que se ter ousadia, há que se assumir riscos, porque eles fazem parte do processo. A estabilidade já foi uma prioridade, hoje não é mais. Se optamos por uma empresa sustentável, por exemplo, invariavelmente ela exige o risco. Para se pensar no futuro e atuar nesse sentido, vamos correr riscos, é inevitável.

O trabalho na Apsen segue nessa condição, mas a GRC – Governança, Riscos e *Compliance* – da nossa empresa é o que nos garante uma boa estrutura, um *compliance* parrudo, para que os líderes possam atuar com ousadia. E se ousadia é o que nos remete à inovação, é preciso ficar com o radar ligado para não criarmos burocracias e entraves desnecessários.

Imagine o tamanho do risco que todos corremos ao enfrentar as mudanças causadas pela revolução digital! No entanto, precisamos seguir em frente, não é? Aliás, não só muitos de nós, mas também empresários como Jeff Bezos, da Amazon, guiou-nos com essa mentalidade. Foi ele quem sempre imaginou os próximos passos do seu consumidor. Sempre pensou à frente. "Inventar é experimentar e

---

[66] GRINBERG, C. *op. cit.*

experimentar é falhar. Se você está disposto a falhar, é porque está pensando em um horizonte mais distante", afirma. Para Bezos, invenção e fracasso andam de mãos dadas. "Uma área em que acho que somos especialmente bons é a do fracasso. Acredito que a Amazon é o melhor lugar do mundo para falhar (e temos muita prática). O fracasso e a invenção são gêmeos inseparáveis", diz.[67]

Assim, se queremos nos inspirar na ousadia de Bezos, não podemos desistir nunca. Quando chega essa sensação de cansaço, de seguir adiante, é justamente aí que devemos acelerar. Quem nos alerta sobre isso também é Grinberg: propósitos não falham, se ajustam; negócios têm ciclos, e muita gente desiste quando está bem próxima do sucesso.[68]

## Por falar em futuro, como serão os próximos vinte anos? Você já está pensando neles?

Essa é uma pergunta difícil, em especial para nós, brasileiros, que não sabemos nem como será a nossa próxima eleição presidencial e, consequentemente, nossos próximos quatro anos. Apesar disso, é possível, sim, pensar no futuro, sem medo de ousar. Um exercício e tanto. Pra nós, inclusive, que precisamos ter coragem, buscar conhecimento, compartilhar para somar, não temer os avanços, correr riscos, não ter medo de errar porque se pode corrigir, acreditando sempre que podemos e queremos fazer melhor.

O doutor Peter H. Diamandis, cofundador da Singularity University, uma *think tank* (ou, se preferir, uma fábrica de ideias) focada em inovação e incubadora de startups no NASA Research Park do Vale do Silício, oferece programas educacionais inspiradores de negócios revolucionários. Ele

---

[67] SUTTO, G.; FONSECA, M. As 10 lições que Jeff Bezos deixou para a nova era da Amazon. **InfoMoney**, 4 fev. 2021. Disponível em: https://www.infomoney.com.br/mercados/as-10-licoes-que-jeff-bezos-deixou-para-a-nova-era-da-amazon/. Acesso em: 15 jun. 2021.

[68] GRINBERG, C. *op. cit.*

> Para buscar o novo, há que se ter ousadia, há que se assumir riscos, porque eles fazem parte do processo.

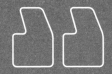

e a sua comunidade desenharam uma projeção – até 2038 – surpreenden-te,[69] que eu faço questão de dividir com você, pois precisamos nos inspirar!

Em 2024, começarão as viagens para Marte. Drones farão entregas em casas e escritórios. Fontes de energia solar e eólica terão espaço – e, prin-cipalmente, custo acessível. A metade da frota mundial de carros será elé-trica. Teremos que ter preparo para trabalhar com inteligência artificial.

Em 2026, veículos autônomos farão o transporte de pessoas. Por isso, ter um carro próprio não fará mais sentido. Entretanto, há uma previsão de 100 mil pessoas usando veículos voadores em cidades como Los Angeles (EUA), São Paulo e Tóquio. Alimentação será um desafio e a agricultura vertical em grandes centros urbanos será vital. Seremos 8 bilhões de pessoas conectadas à internet de alta velocidade, e a realidade virtual será uma tecnologia comum no mundo.

Em 2028, a energia solar e eólica estará implantada 100% em todo o mundo. Esse ano também vai marcar o ápice da demanda por petróleo.

Em 2030, as emissões de carbono devem começar a cair (ufa!). Os ricos terão à disposição tecnologias para prolongamento da vida, e a inteligência artificial superará a inteligência humana.

Em 2032, robôs serão comuns em todos os locais de trabalho. Será possível transferir a consciência para robôs avatares para estar em locais remotos do mundo. Profissionais terão modificações, como coprocessadores ou comunicação web em tempo real.

Em 2034, já teremos conexões entre o córtex humano e a nuvem. Problemas globais como câncer e pobreza serão coisas do passado.

Em 2036, os tratamentos para longevidade serão comuns, assim como as cidades inteligentes – muito eficazes no uso de energia solar, além de seguras e abundantes em alimentos.

---

[69] CAPUTO, V. Singularity University prevê como o mundo será em 2038: "irreconhecível". **Época**, 20 ago. 2018. Disponível em: https://epocanegocios.globo.com/Tecnologia/noticia/2018/08/singularity-university-preve-como-o-mundo-sera-em-2038-irreconhecivel.html. Acesso em: 18 maio 2021.

E, finalmente, daqui a menos de duas décadas, em 2038, a realidade virtual e a inteligência artificial servirão para alavancar a vida humana no mundo todo.

No entanto, tudo isso apenas será possível se tomarmos direções acertadas, porque são elas que terão impacto na nossa vida, em nossas carreiras, nos negócios e no mundo. Algumas tendências são possíveis de serem apontadas e parecem mais críveis do que as projeções da Singularity University que, por enquanto, habitam somente as mentes brilhantes dos estudiosos do Vale do Silício. Então, em vez de pensarmos em 2038, vamos andar nove anos somente e evoluir até 2030. As tendências são:

## MUDANÇAS DEMOGRÁFICAS

A população mundial deve chegar a 8,5 bilhões em 2030, e teremos 1 bilhão de pessoas com mais de 65 anos. Nove países serão responsáveis por mais da metade desse crescimento populacional: Índia, Nigéria, Paquistão, República Democrática do Congo, Etiópia, Tanzânia, Indonésia, Egito e Estados Unidos. Mais ou menos em 2027, estima-se que a Índia será mais populosa do que a China, que hoje é o maior e mais populoso país. A classe média será maioria e a extrema pobreza continuará a cair. Mas, para isso, serão necessários construção sustentável e eficiente de mais moradias, atenção no planejamento urbano, desenvolvimento de novas tecnologias e processos para a produção de mais alimentos.

## URBANIZAÇÃO

Em 2030, dois terços da população mundial viverão nas cidades. A população urbana nos países em desenvolvimento dobrará e as cidades produzirão 80% do Produto Interno Bruto (PIB) global.

Megacidades surgirão na Ásia, América Latina e África. Os centros urbanos que mais crescerão são as pequenas e médias cidades, com menos de um milhão de habitantes, que representam 59% da população urbana mundial e 62% da população urbana da África. Se houver atenção no planejamento urbano, visando melhorar moradias e serviços e diminuindo o crescente *gap* entre habitantes ricos e pobres das cidades, a vida urbana será mais verde e sustentável.

## MUNDO MAIS TRANSPARENTE

O mundo se tornará menos privado. A quantidade de informações coletadas sobre cada um de nós, produtos e empresas, crescerá exponencialmente. O compartilhamento de informações entre clientes e consumidores se intensificará. Ferramentas sofisticadas para análises de informações facilitarão a tomada de decisões, tanto de consumidores quanto em ambientes de negócios. Será mais fácil, por exemplo, escolher produtos que tenham uma menor pegada de carbono ou que tenham menos ingredientes tóxicos. Todas essas ferramentas quebrarão a privacidade nos processos industriais e empresariais.

## CRISE CLIMÁTICA

Ainda não está muito claro como a mudança climática se intensificará, mas uma coisa é certa: os resultados serão implacáveis e perigosos. Muitas áreas costeiras densamente povoadas enfrentarão dificuldades à medida que o nível do mar aumentar. Diversas espécies animais estarão em risco. Secas e inundações afetarão celeiros globais. O Ártico não terá gelo no verão. Migrações em massa provavelmente já terão começado. Até 2030, teremos muito mais clareza sobre quão difíceis serão as próximas décadas. Saberemos se o derretimento das principais camadas de gelo estará literalmente inundando a maioria das cidades costeiras e se estamos realmente nos aproximando de uma "Terra inabitável".

## PRESSÕES POR RECURSOS

Seremos forçados a enfrentar de maneira mais agressiva a escassez de recursos. Para equalizar a oferta de *commodities* essenciais (como metais) ao crescimento econômico, precisaremos adotar rapidamente modelos circulares: minimizar a utilização de materiais virgens em prol de reciclados e produtos remanufaturados, e repensar a economia de materiais como um todo. A água será um recurso crítico, e é provável que muitas cidades enfrentem constantemente a falta dela. Vamos precisar de mais investimentos em tecnologias como dessalinização para amenizar esse cenário.

## TECNOLOGIA LIMPA

Devido às quedas contínuas no custo de tecnologias limpas, as energias renováveis continuarão crescendo. Até 2030, efetivamente não haverá novas adições de capacidade de geração energética vindas de tecnologias baseadas em combustíveis fósseis. Os veículos elétricos (VEs) crescerão de 3 milhões hoje para 125 milhões em 2030, em função das reduções substanciais no custo das baterias e uma legislação rígida que proibirá motores movidos a combustíveis fósseis. Tecnologias baseadas em dados tornarão os edifícios, as redes, as estradas e os sistemas de água substancialmente mais eficientes.

## TECNOLOGIAS: PARCERIA OU AMEAÇA

A internet das coisas predominará, e todos os dispositivos estarão conectados. A inteligência artificial (IA) terá tornado a nossa vida mais prática e melhorado nossa produtividade. Ao mesmo tempo que a IA criará novos empregos, também eliminará outros. A tecnologia nos manipulará ainda mais do que hoje – a interferência russa nas eleições dos EUA pode ser um sinal.

## POLÍTICAS GLOBAIS

É difícil saber se governos e instituições globais trabalharão em sincronia para combater agressivamente a mudança climática e as pressões por recursos, além de enfrentar a imensa desigualdade social e a pobreza. É difícil imaginar como políticas globais sobre o clima e outras megatendências vão se desenrolar.[70]

Enfim, precisamos de incentivos econômicos e responsabilidade moral para agir e reduzir possíveis danos das mudanças climáticas – que nos assombra – o mais rápido possível.

Andrew Winston, fundador da Winston Eco-Strategies e que auxilia multinacionais a lidarem com os maiores desafios da humanidade e lucrarem com a solução deles, recomenda o seguinte:

> 1 – É necessário envolver colaboradores e colegas (principalmente aqueles que negam a mudança climática), conversar com consumidores e clientes sobre os riscos e problemas refletindo isso nos seus produtos e tomar decisões de investimento que favoreçam ações pró-clima.

> 2 – Considerar fortemente o aspecto humano nos negócios. À medida que novas tecnologias varrem negócios e

---

[70] Adaptado de O MUNDO em 2030: Oito megatendências. **O futuro das coisas,** 20 jun. 2019. Disponível em: https://ofuturodascoisas.com/o-mundo-em-2030-oito-megatendencias/. Acesso em: 18 maio 2021.

profissões, isso afeta a sociedade. Essas mudanças e pressões são uma das razões pelas quais as pessoas começam a se voltar para líderes populistas que prometem soluções. Líderes empresariais devem pensar no que essas grandes mudanças significam para as pessoas que fazem parte de suas empresas, cadeias de valor e comunidades.

3 – Ser transparente. Na realidade, não há muita escolha. As gerações futuras esperam cada vez mais abertura das empresas para as quais compram e trabalham. Até 2030, a geração Millennium estará próxima dos 50 anos, e juntamente com a Geração Z formarão a grande maioria da força de trabalho. Melhor ouvir e compreender suas prioridades e valores a partir de agora.[71]

Enfim, essas tendências e conjecturas dependerão das nossas escolhas como indivíduos e como parte das empresas – seja como colaboradores, clientes, usuários e até mesmo investidores. Nós é que impactamos o futuro para o nosso próprio bem-estar ou não. Desse modo, só nos resta aprender a viver e trabalhar melhor para construir um futuro melhor.

Espero que tenha gostado deste capítulo. Para ter acesso a materiais exclusivos e outros conteúdos que preparei sobre esse tema e sempre atualizo com muito carinho, capture o QR Code aí ao lado.

https://www.renataspallicci.com.br/sucesso-e-o-resultado-de-times-apaixonados/desafie-o-futuro

[71] *Ibidem.*

## Capítulo 12

# MENSURE
## O IDH DA
## SUA EMPRESA

Há pouco apresentei maneiras e exemplos de como desafiar o futuro. Mas esse assunto não acaba nunca, e só podemos cumprir bem essa tarefa diária se tivermos colaboradores incríveis que se sentem permanentemente aprendendo e se desenvolvendo.

Como medir essa capacidade? Costumo dizer que precisamos saber a quantas anda o Índice de Desenvolvimento Humano (IDH) da nossa organização.

Criado em 1990 pelo paquistanês Mahbub Ul Haq e pelo indiano Amartya Sen, o IDH tem como objetivo oferecer um contraponto a outro indicador muito utilizado, o Produto Interno Bruto (PIB) *per capita*, que considera apenas a dimensão econômica do desenvolvimento.[72] O IDH, por sua vez, é uma unidade de medida utilizada para aferir o grau de desenvolvimento de uma determinada sociedade nos quesitos de educação, saúde e renda. A utilização dessas três variáveis permite uma comparação com praticamente todos os países do globo e serve de referência para mensurar a resposta de determinado país frente a essas importantes demandas.[73]

Essa também é uma referência importante para as organizações, adaptando, claro, cada um dos pilares às necessidades corporativas. Mas, afinal, como posso mensurar o IDH do meu time? Em primeiro lugar, vamos nos lembrar do título deste livro (e isso provavelmente deve ter chamado a sua atenção): *Sucesso é o resultado de times apaixonados*. Então, este é o propósito maior: as pessoas devem estar sob a nossa guarda e responsabilidade todo o tempo. Elas são a razão maior de existência da empresa, tanto aquelas que colaboram conosco e têm suas funções dentro da organização, quanto aquelas para quem

---

[72] QUESTÕES do desenvolvimento — medindo o bem-estar das populações. **IPEA**, ano 7, ed. 55, 17 nov. 2009. Disponível em: https://www.ipea.gov.br/desafios/index.php?option=com_content&view=article&id=2294:catid=28&Itemid=23/. Acesso em: 7 jun. 2021.

[73] MOTA, H. O que é IDH? **Brasil Escola**, 2021. Disponível em: https://brasilescola.uol.com.br/o-que-e/geografia/o-que-e-idh.htm/. Acesso em: 7 jun. 2021.

trabalhamos, nossos clientes, consumidores e parceiros. Mas, pensando internamente e seguindo o princípio do IDH, vamos fazer uma analogia com essas três dimensões citadas.

## Preservar a saúde física e emocional dos colaboradores

Quando pensamos em saúde corporativa, estamos nos referindo à saúde de cada indivíduo. Sim, a saúde é o bem maior que cada um de nós tem, e os líderes e as empresas devem cuidar dessa saúde com todo o cuidado. De acordo com a Constituição da Organização Mundial da Saúde (OMS), publicada em 1946, saúde é "um estado de completo bem-estar físico, mental e social, e não apenas a ausência de doença ou de enfermidade",[74] ou seja, precisamos zelar pelo físico, mental e social.

No caso da saúde física, quando se tem um ambiente de indústria como na Apsen, por exemplo, é imprescindível assegurar uma série de cuidados e um rigor próprio com relação à segurança e aos equipamentos de proteção individual (EPIs), mantendo orientações regulares e bem sinalizadas, treinamento constante e uma cultura de vigilância e zelo. Os índices assustam e é papel do líder prevenir e cuidar.

No Brasil, a cada minuto que passa, um trabalhador sofre um acidente enquanto desempenha as funções para as quais foi contratado. Em 2018, a Previdência Social registrou 576.951 acidentes de trabalho, mas

---

[74] DIREITOS incompletos. **CLAM — Centro latino-americano em sexualidade e direitos humanos**, 3 set. 2014. Disponível em: http://www.clam.org.br/noticias-clam/conteudo.asp?cod=11776. Acesso em: 18 maio 2021.

> essa marca abrange apenas os empregados com carteira assinada, já que a definição legal de acidente de trabalho se restringe a ocorrências que envolvem os segurados do Regime Geral de Previdência Social. Porém, um estudo realizado pela Fundacentro – fundação ligada ao Ministério da Economia especializada na pesquisa sobre questões de segurança do trabalho – estima que, se forem considerados os trabalhadores informais e os autônomos, esse número pode ser até sete vezes maior, aproximando-se de 4 milhões de acidentados todos os anos.[75]

Saúde física vai muito além de exames periódicos e cumprir legislação, é uma vocação de amor e serviço aos colaboradores. Cuide muito bem da saúde de seu time.

Durante a pandemia de covid-19, os desafios aumentaram significativamente. A saúde teve um protagonismo imenso em nossa vida, e nas empresas não foi diferente, especialmente nas que precisaram manter suas operações físicas, como foi o caso da nossa fábrica, que trabalha com produção de medicamentos, produtos essenciais para a saúde. Para garantir a segurança e a saúde de todos os nossos colaboradores, sobretudo os que permaneceram fisicamente trabalhando na Apsen, implementamos um comitê de saúde e trouxemos um infectologista renomado para nos ajudar a desenvolver os protocolos de segurança. No início, havia poucas informações e costumávamos nos reunir no mínimo semanalmente (algumas vezes foram necessárias mais reuniões) para implementar novas medidas de segurança e prevenção.

---

[75] NÚMERO de acidentes de trabalho no Brasil e no RS segue alto. **Justiça do Trabalho TRT 4**, 12 ago. 2020. Disponível em: https://www.trt4.jus.br/portais/trt4/modulos/noticias/305976. Acesso em: 18 maio 2021.

## Cuidar especialmente da saúde emocional de cada um e da equipe

Já a saúde emocional requer um zelo especial, pois, tanto quanto a saúde física, ela é intrínseca à cultura corporativa. Nesse contexto, entra a relação de respeito e carinho que se deve ter com cada um dos colaboradores. É algo que precisa ser cultivado, e isso apenas acontecerá se vivermos intensamente um alinhamento entre os valores, a cultura da empresa e o discurso praticado.

Fique atento. Porque estamos falando de Brasil que, segundo a International Stress Management Association (Isma-BR), é o segundo país do mundo com o maior número de pessoas afetadas pela Síndrome de Burnout, caracterizada pelo alto nível de estresse. Além disso, de acordo com a OMS, temos a maior taxa de pessoas que sofrem de ansiedade e somos o quinto país em casos de depressão. Algumas das principais causas dessas doenças são as cobranças diárias, o excesso de atividades para realizar, a pressão psicológica, entre outras.[76]

Os líderes devem cuidar de averiguar, com atenção e antecedência, qual o nível de estresse da sua equipe. Atente-se às sutilezas de comportamento do seu time, identifique as manifestações de desagrado, intolerância e cansaço de qualquer colaborador. É saudável oferecer ajuda e ouvir a pessoa sobre a sua aflição, a sua insegurança, o motivo da sua insatisfação para que isso não se acumule e gere problemas maiores para ela mesma e até para o grupo. Os líderes precisam estar preparados e treinados para isso, e as áreas de Saúde e de Recursos Humanos devem dar o apoio necessário a cada caso.

---

[76] BRASIL é o 2° país com o maior número de pessoas com Síndrome de Burnout. **Folha Vitória**, 11 ago. 2020. Disponível em: https://www.folhavitoria.com.br/saude/noticia/08/2020/brasil-e-o-2-pais-com-o-maior-numero-de-pessoas-com-sindrome-de-burnout/. Acesso em: 7 jun. 2021.

# Educar para que pessoas e empresas evoluam

Nos dias de hoje, o conhecimento é uma das ferramentas mais valiosas no mercado de trabalho. As empresas e os profissionais que param de se atualizar ficam para trás e perdem espaço para a concorrência. Na área de tecnologia, por exemplo, em dois anos o conhecimento de um sistema pode se tornar obsoleto. É por isso que o profissional de tecnologia precisa estar sempre aprendendo para poder se manter no mercado.

O mercado de trabalho se torna mais competitivo e complexo, com um número cada vez maior de profissionais qualificados e com problemas cada vez mais difíceis de serem resolvidos.

O pilar educação no mundo corporativo, para a medição do IDH na empresa, é de igual importância ao da saúde. Refiro-me ao crescimento pessoal e profissional, ao aprendizado dos colaboradores, destacando o treinamento e a capacitação. Aqui, mais uma vez, há a responsabilidade tanto da área de Recursos Humanos quanto dos líderes imediatos de desenvolver sua equipe, formar o time certo, remunerar bem. Isso tem relação com aquela história da densidade e retenção de talentos, lembra? É preciso cuidar da evolução do time como um todo e de cada um, como pessoa única e importante para esse todo. Aí mora a relevância do aprendizado e do crescimento individual que deve ser favorecido e incentivado pela empresa.

Repetindo: só um bom salário não é o suficiente. É necessário que a pessoa se sinta sempre evoluindo. Na Apsen, fazemos questão de buscar os melhores cursos oferecidos pelas instituições de ensino corporativo do Brasil, não só para os líderes e especialistas, mas também para os demais colaboradores, independentemente das posições que ocupam.

> Só um bom salário não é o suficiente. É necessário que a pessoa se sinta sempre evoluindo.

O capital humano precisa ser valorizado. Esse é um conceito bastante importante, pois se trata da capacidade de conhecimentos, competências e atributos da personalidade de uma pessoa ao desempenhar um trabalho de modo a produzir valor econômico.

A gestão de pessoas está intimamente relacionada ao desenvolvimento dessas capacidades. A empresa deve proporcionar o aprimoramento de cada um desses aspectos. É dessa maneira que o colaborador vai adquirir mais ferramentas para realizar um trabalho melhor, de modo contínuo, enquanto também se desenvolve profissional e pessoalmente.

O mercado de trabalho está cada dia mais competitivo, por isso é fundamental investir em Treinamento e Desenvolvimento (ou T&D, como nos referimos hoje a essa área). Não custa insistir: seja assertivo ao alocar recursos em ações educacionais efetivas. Entretanto, antes estabeleça métodos, defina indicadores e desenvolva ferramentas que permitam a avaliação das ações de treinamento com base em evidências.

Quando se fala na importância da densidade de talentos do time, existe um relevante aspecto do desenvolvimento técnico/comportamental dos colaboradores ao conviverem com uma equipe forte, capacitada: eles proporcionam o crescimento mútuo, aprendendo coisas novas todos os dias.

Alguns números para ilustrar: a Global Fluency, pesquisando sobre *business performance*, entrevistou 500 executivos de negócios e recursos humanos de empresas em 17 países, concluindo que aquelas que oferecem treinamento são propensas a crescer 5% a mais no ano em comparação às suas concorrentes.[77]

Contudo, como investir em T&D em momentos de crise, recessão, quando o mercado está pensando em reduzir custos?

---

[77] DESENVOLVIMENTO dos colaboradores aumenta o engajamento em 74%. **Mundo RH**, 20 mar. 2018. Disponível em: https://www.mundorh.com.br/desenvolvimento-dos-colaboradores-aumenta-o-engajamento-em-74/. Acesso em: 7 jun. 2021.

E como reduzir custos sem prejudicar a qualidade dos serviços, quando esse cenário é pandêmico, como o que vivemos agora com a covid-19?

É preciso pensar nisso de maneira estratégica, pesando redução de custos e desenvolvimento de pessoas ao mesmo tempo. Deve-se considerar o *turnover* e a produtividade. Quanto menor for o índice de rotatividade dos colaboradores, menos haverá custos com contratações, processos de RH, treinamento e capacitação para a função, além do tempo perdido com essas etapas, enquanto um profissional experiente poderia estar produzindo. Ao manter o time engajado e preparado para os desafios, custos com retrabalhos, desperdício de materiais e recursos são reduzidos, e a produtividade, a inovação e o futuro da organização estão garantidos.

Aproveito para deixar aqui uma curiosidade, já que falei tanto em indicadores: acredita-se que, no futuro, o indicador definitivo das organizações não será mais o Return on Investment (ROI), em português, retorno sobre o investimento, mas o Return on Learning (ROL), retorno sobre o aprendizado.[78] Uma conclusão óbvia tendo em vista a importância da educação – o que envolve treinamento e desenvolvimento – como fundamental ferramenta de medição do IDH de uma empresa.

## Remunerar bem para desenvolver colaboradores melhores

Anteriormente, falei em bom salário, e é exatamente entrando nessa questão que chegamos ao último pilar de medição do IDH nas

---

[78] POR QUE Dashboards são essenciais em um Sistema de Gestão de Inovação. **Xper Global**, 2016. Disponível em: https://www.xper.social/single-post/porque-dashboards-s%C3%A3o-essenciais-em-uma-sistema-de-gest%C3%A3o-de-inova%C3%A7%C3%A3o/. Acesso em: 7 jun. 2021.

empresas: o da renda. Por isso, retorno a esse ponto para reforçar em que aspecto a remuneração compõe o trinômio IDH, adaptado ao mundo corporativo. Retomo a questão da qualidade de vida advinda da remuneração adequada. É disso que se trata quando se quer assegurar um time de sucesso.

Se dermos uma rápida olhada nos indicadores de saneamento básico, saúde, segurança e educação, com quase 35 milhões de habitantes sem serviços de água tratada, 49% dos esgotos gerados não tratados,[79] cerca de 48 mil mortes violentas intencionais por ano, uma mulher estuprada a cada oito minutos, uma agressão física a cada dois minutos[80] e um nível de proficiência inferior a 30% do total de estudantes,[81] vamos identificar no Brasil níveis insuportavelmente ruins que afastam a população de condições dignas de saúde e qualidade de vida. Em meio a esse cenário, as empresas precisam cumprir o seu papel, assegurando aos colaboradores remunerações adequadas o suficiente para que eles possam desenvolver a si próprios, os seus filhos e toda a sua família. Simples assim. Nesse sentido, um bom salário e a disposição de desenvolver as pessoas não podem ser encarados como gastos. São investimentos, pois os colaboradores representam muito mais do que ferramentas de trabalho. Sem eles, empresas não existem. Sem eles, não existe o seu diferencial competitivo.

Remunerar bem vai muito além de retenção, é também questão de qualidade de vida, realização e felicidade no trabalho.

---

[79] RANKING do saneamento 2021. **Connected Smart Cities**, 23 mar. 2021. Disponível em: https://portal.connectedsmartcities.com.br/2021/03/23/ranking-do-saneamento-2021/. Acesso em 15 jun. 2021.

[80] FORUM Brasileiro de Segurança Pública. **Anuário Brasileiro de Segurança Pública 2020**. Disponível em: https://forumseguranca.org.br/wp-content/uploads/2021/02/anuario-2020-final-100221.pdf. Acesso em: 15 jun. 2021.

[81] A IMPORTÂNCIA de indicadores de educação para medir os impactos da pandemia. **Nações Unidas**, 12 abr. 2021. Disponível em: https://brasil.un.org/pt-br/124506-artigo-importancia-de-indicadores-de-educacao-para-medir-os-impactos-da-pandemia. Acesso em: 15 jun. 2021

# Cuide do lugar de atuação do seu time para garantir um IDH favorável ao desenvolvimento da sua empresa

Não menos importante do que cuidar das pessoas é cuidar do ambiente de trabalho onde elas passam a maior parte do tempo e precisam entregar o seu melhor. Faça com que o modo de trabalho e a identidade da sua empresa estejam materializados em seus móveis, na sua comunicação interna, nas suas salas de reuniões. Não replique modelos prontos. Descubra, por meio de consultorias especializadas se for o caso, qual é o ambiente adequado para a sua empresa. Não existe certo e errado, existe o jeito que funciona para a personalidade da sua empresa, e você deve descobri-lo.

Cuide dos momentos de alinhamento de expectativas e estratégia e analise quais são as ações importantes para que seu time se oxigene e se atualize. Dê vazão à criatividade e ao ócio criativo também, não se esqueça disso. Como nos alerta o renomado sociólogo italiano Domenico De Masi, é preciso saber incentivar e conciliar o trabalho com os estudos e o lazer de maneira a equilibrá-los, sem sobrecarregar, para que o colaborador possa extrair o máximo de cada momento.[82]

Entender a necessidade de valorizar o ócio criativo é primordial no sentido de tornar o trabalho mais feliz e menos estressante, possibilitando, assim, maior bem-estar e satisfação para o colaborador, garantindo que ele se sinta mais realizado e, consequentemente, mais produtivo. Essa felicidade genuína e permanente no trabalho resulta

---

[82] RAMOS, A. J. O que é Ócio Criativo? Conheça esse conceito e saiba como ele facilita o trabalho criativo! **Rock Content**, 21 jul. 2018. Disponível em: https://comunidade.rockcontent.com/ocio–criativo/. Acesso em: 7 jun. 2021.

no profundo comprometimento com a resolução de um problema ao lado de pessoas talentosas, e em saber que o cliente adora o produto ou o serviço que todos se esforçaram para criar.

Espero que tenha gostado deste capítulo. Para ter acesso a materiais exclusivos e outros conteúdos que preparei sobre esse tema e sempre atualizo com muito carinho, capture o QR Code aí ao lado.

https://www.renataspallicci.com.br/sucesso-e-o-resultado-de-times-apaixonados/mensure-o-idh

## Capítulo 13

# CONECTE
# SONHOS

O sonho é um dos maiores combustíveis na vida de alguém. Imagine o seu poder. E, pensando no âmbito de uma organização, imagine o poder de vários sonhos conectados. Ah, não existe magia maior, pode acreditar!

Na Apsen, temos vivido essa experiência há alguns anos. Falo sem modéstia dessa nossa conquista, porque é importante para reafirmar aquilo em que acreditamos e como temos trabalhado por essa conexão diária na nossa empresa.

Quando um líder consegue conectar os sonhos de cada um dos seus colaboradores ao sonho da própria empresa, a organização, qualquer que seja o tamanho dela, entra em um estado de *flow*[83] espetacular e coisas incríveis acontecem.

A Apsen acabou criando esse método, cumprindo essa jornada proprietária. Quando estamos desenvolvendo um projeto, disruptando e inovando no mercado, entramos com os nossos colaboradores nesse estado.

Vivemos e transpiramos os desafios juntos. Sonhamos juntos. E, com isso, temos sentido na pele quanto os executivos mais velhos rejuvenescem. Temos visto o vigor e a energia dos indivíduos em todas as equipes. Temos vivido algo muito valoroso e um aprendizado bastante importante: as gerações se complementam e a diversidade enriquece as discussões.

A Apsen aprendeu com maestria, e isso vem da essência do nosso presidente Renato Spallicci, a qual eu procuro colocar em prática desde o nosso primeiro planejamento estratégico. Como já citei aqui, a preparação para chegar aos objetivos de 2020 fez com que

---

[83] "O estado de flow é um avanço da ciência, no campo da psicologia e da neurociência que vem demonstrando quanto o ser humano tem potencial maior que o comumente compreendido pela maioria. Mostra que os superpoderes de alguns são replicáveis se as condições e as preparações forem feitas de acordo com um método, uma jornada." *In*: LUCAS, L. F. *op. cit.*

mostrássemos a cada um dos nossos colaboradores o papel deles na construção do nosso futuro, a fim de que compreendessem a importância deles, e, o principal, fez com que conseguíssemos estabelecer a conexão entre os sonhos individuais e de realizações profissionais dessas pessoas com os nossos próprios.

Hoje em dia, desde os colaboradores mais jovens até os mais velhos (seja em idade ou em tempo de casa), temos a convicção de que sonhamos os mesmos sonhos. O desejo de futuro de carreira do nosso time vai ao encontro do crescimento da Apsen. Eles sabem que podem e devem chegar aonde querem junto com a empresa.

Esse, sem dúvida, é um dos grandes segredos do sucesso da nossa organização: acreditamos que nossos propósitos podem, sim, impactar positivamente a sociedade e contribuir para transformar o mundo para melhor. Na Apsen, temos absoluta certeza disso. Não só acreditamos nessa premissa como reafirmamos também que é possível crescer e inovar e muito, cuidando das pessoas em primeiro lugar. Aliás, é porque cuidamos das pessoas que crescemos e inovamos. É assim que conquistamos um ambiente saudável com gente feliz e realizada.

Prova disso é poder compartilhar o nosso conhecimento sobre organização, gestão, liderança e, sobretudo, sobre as "nossas" pessoas conectadas, com a certeza de que temos um tesouro conquistado. Por isso, mais do que teorizar ou me estender sobre o tema, quero apresentar a voz e a história de alguns dos nossos colaboradores, como testemunho daquilo que vamos continuar empreendendo sempre: a conexão. Sinceramente, seria bom (e garanto que é possível!) que todo líder, empresário e gestor pudesse realizar esse sonho também.

## KLEBER VARGAS NUNES — VICE-PRESIDENTE TÉCNICO E NOVOS NEGÓCIOS

Kleber é nosso VP mais antigo, participou de toda a construção do planejamento estratégico 2015/2020 e vem nos ajudando com maestria a criar um time capaz de projetar o futuro por meio do desenvolvimento de produtos e materializá-lo no presente com entregas muito consistentes. Um dos grandes exemplos da conexão de sonho pessoal com sonho profissional:

*Depois de dezoito anos de uma longa jornada profissional em multinacionais, aceitei o desafio de fazer parte desse grande time que é a Apsen. Nada poderia me preparar para o que estava por vir. O ambiente que encontrei na Apsen é realmente incrível; profissionais abertos e colaborativos, pessoas que se respeitam e têm paixão pelo trabalho e tudo isso em sintonia com a liderança pioneira do Renato e da Renata que de maneira muito genuína nos inspiram nessa busca pelo melhor: o melhor para os colaboradores, o melhor para os pacientes e principalmente o melhor para a nossa sociedade.*

*Foi nesse ambiente acolhedor e inspirador que eu passei alguns dos melhores anos da minha carreira. Tive a oportunidade de liderar a transformação da nossa relação com o varejo ao lado de profissionais de altíssima performance que me ensinaram muito. Isso nos trouxe grandes conquistas e, sem dúvida, é uma das maiores realizações da minha carreira. Fazer parte de um projeto de trabalho totalmente alinhado com os meus valores pessoais, em um ambiente dinâmico, criativo e justo é a verdadeira realização de um sonho. É privilégio de poucos.*"

**SHEYLA PRANDI — PROPAGANDISTA SÊNIOR**

Quando eu entrei na Apsen, a Sheyla já fazia parte do nosso time. Sempre sorridente e amorosa, ela me conquistou de cara pela sua energia e depois pela sua competência e capacidade de se reinventar. Um belíssimo exemplo de quão saudável é fazer transições de carreira.

❝

*Eu realizei muitos sonhos por meio da Apsen. O primeiro de todos foi ter a oportunidade de iniciar como recepcionista há quase vinte anos, em uma empresa séria e ética. O contrato foi temporário, para cobrir uma licença-maternidade, mas após três meses eu fui efetivada. Depois de um tempo, fui promovida e comecei a trilhar a minha carreira na área de RH, onde fiquei por onze anos. Depois desse tempo, mais uma oportunidade me foi concedida, a Apsen acreditou em mim. Resolvi me desafiar e trabalhar na área da propaganda médica. Confesso que me deu um friozinho na barriga, porque eu precisaria desaprender para reaprender, além de ter que abrir mão de uma 'carreira' para iniciar em uma área totalmente nova. Concluí uma graduação, fiz duas pós-graduações, cursos extracurriculares, adquiri imóveis e outros bens, fiz viagens maravilhosas e conheci lugares incríveis, mas o mais importante de tudo foi o aprendizado, a evolução, o reconhecimento, o amadurecimento, o crescimento pessoal e o profissional. Os meus sonhos profissionais estão conectados com os da Apsen porque hoje eu consigo contribuir com a sociedade para que as pessoas tenham, por meio dos nossos produtos e das nossas ações de responsabilidade social, uma melhor qualidade de vida. Eu sonho em continuar crescendo, evoluindo. E com os seus pilares de crescimento, de planejamento estratégico, de sustentabilidade, a Apsen me proporciona essa oportunidade. Na Apsen, eu me sinto reconhecida, inspirada, motivada e extremamente feliz. O meu coração transborda gratidão. Essa é a palavra que define o que sinto. E eu tenho um grande orgulho de pertencer a essa grande Nação Azul."*

## JOSE ENIO ALVES INUCENCIO DOS SANTOS — OPERADOR DE PRODUÇÃO II

O Enio tem sido um colaborador que emana amor pela Nação Azul e gratidão por tudo o que conquistou por meio da nossa empresa. Ele é pura energia boa, alegria e competência.

*Como eu vejo a conexão na Apsen? Uma empresa humanizada. Conexão na Apsen inclui três nomes: Renato (Spallicci), Renata (Spallicci) e Apsen, uma única alma. São um só. A Apsen não só realiza sonhos, ela transforma a vida das pessoas. Como transformou a minha. Um dia ela me fez sonhar e realizar. São muitos sonhos. Recentemente, foi o do meu casamento. Eu consegui realizá-lo com o maior conforto! Comprar meu carro foi outro. E um dos maiores legados foi o nascimento da minha filha, da Maria Eloá, a nossa Maria. A Apsen me deu a oportunidade de poder construir a minha família e realizar o sonho dela, por meio de um bom salário e de um ambiente agradável. No sentido de poder fazer o pré-natal em um dos melhores hospitais e de minha esposa poder ter tido um parto com regalias. Eu só tenho gratidão no meu peito por essa empresa que levanta a bandeira da vida. E ela transforma a vida, fazendo com que pessoas transformadas possam transformar outras vidas. E eu, como um colaborador apaixonado pela Apsen, afirmo isso. Há em mim, também, essa conexão de alma. Renato e Renata (junto com a Apsen) são pessoas que lutam pela vida, pela humanidade. Eu não vejo a Apsen como uma empresa. Eu a vejo como a alma, que é vida, que é transformadora e que realiza sonhos inalcançáveis. Gratidão! Deus abençoe a todos! Quero ver ainda mais a Apsen crescendo e transformando vidas, assim como transformou a minha."*

## FERNANDA LIMA — DIRETORA DE VAREJO

A Fernanda é minha grande parceria de luta pelo espaço das mulheres no mercado de trabalho e na Apsen. Uma mulher que sempre admirei pela competência, vitalidade, eloquência e brilho nos olhos. Sempre me perguntei como a Fernanda dava conta de tudo, uma mulher completa, uma supermãe, superamiga e superprofissional.

᠄᠄

*Ao longo da minha trajetória na Apsen, eu realizei grandes sonhos, mas gostaria de elencar dois. O primeiro: a vida pessoal é uma extensão da vida profissional, pois, afinal, você é a mesma pessoa dentro e fora da companhia. Aqui eu encontrei uma empresa que tem alma, e todos os meus valores, minha essência e meu propósito estão conectados com a Apsen. Para mim, a grande realização de um sonho profissional foi ter alcançado a meta de 44% do faturamento da empresa com produtos diferenciados lançados nos últimos cinco anos, e o que nos enche de orgulho é que conseguimos realizar a nossa estratégia, respeitando os valores da Apsen. Resolvemos uma grande equação, ser uma das companhias que mais cresce no mercado, sem levar os nossos colaboradores à exaustão, equilibrando a vida pessoal e profissional, tornando-os mais criativos.*

*E o segundo: quando eu aceitei o convite da Apsen, estava em um momento difícil para mim e para minha família. Eu morava em*

*Brasília e meu filho passava por um problema sério de saúde. Em um gesto genuíno, a Apsen me deu a oportunidade de mudar para São Paulo e cuidar do meu filho da melhor maneira possível. Hoje ele está muito bem e sou muito grata por tudo isso!*

*A Apsen tornou-se uma extensão da minha família, da qual eu cuido, me orgulho e faço florescer do melhor modo possível."*

Essas considerações, esse afeto e esse retorno são de uma alegria sem precedentes, você pode imaginar. E isso se reflete em uma quantidade importante de e-mails e mensagens que recebemos de inúmeras pessoas que sonham em trabalhar na Apsen. Os nossos colaboradores revelam o seu contentamento para o mercado, o que nos fez conhecidos e reconhecidos e, mais, ser uma empresa desejada e admirada. Tudo isso, eu garanto, é o nosso maior orgulho, é o nosso maior prêmio e o maior resultado que temos conquistado.

Se você ainda não conseguiu conectar os sonhos dos seus colaboradores ao sonho da sua empresa, se você sequer teve oportunidade de sonhar, eu reforço: comece pelo seu sonho, compartilhe com o time, conheça os sonhos individuais de cada um e ajude-os a conectá-los aos planos de futuro da empresa. Quero que você também sinta esse *flow* no seu negócio com o seu time de vencedores.

Espero que tenha gostado deste capítulo. Para ter acesso a materiais exclusivos e outros conteúdos que preparei sobre esse tema e sempre atualizo com muito carinho, capture o QR Code aí ao lado.

https://www.renataspallicci.com.br/sucesso-e-o-resultado-de-times-apaixonados/conecte-sonhos

# Capítulo 14

# *DO IT AGAIN*

Para seguir em frente, lembro a você mais uma vez em que mundo vivemos. Você já compreendeu o que é esse mundo Bani, no qual estamos todos inseridos e seguimos adiante apesar das adversidades, certo?

Então, como a mudança acontece a cada instante e as disrupções também, voltamos – eu, você, gestores, líderes e empresários em geral – àquela condição inexorável que explica a intenção deste capítulo: as tecnologias mudam, os processos mudam, as necessidades mudam e o modo de lidar com as pessoas precisa mudar. E já está mudando.

Em meio à pandemia de covid-19, com as pessoas tendo que trabalhar em *home office*, essa mudança foi acelerada. Não tivemos escolha, foi preciso revisitar, repensar e aprimorar o nosso conhecimento sobre gestão, trazendo novas práticas de cuidado com as pessoas.

## Melhoria contínua: modelo de gestão que busca o aprimoramento constante de processos, serviços e produtos

Esse conceito significa que seu negócio ou empreendimento sempre pode melhorar, em busca de bons resultados. Geralmente, as empresas tradicionais ficam paralisadas diante de exigências, ampliação da concorrência ou mudanças nas tecnologias. Para não estacionar como essas companhias, é preciso ir atrás de eficiência constante e adequação às novas condições do mercado. Não importa o tamanho que a sua empresa tenha ou se você empreendeu há pouco tempo. Quem estaciona perde.

Assim, é essencial abrir espaço para melhorias constantes e manter essa filosofia impregnada em sua equipe. Isso é o que garante que a cultura esteja sempre sendo lapidada para o sucesso. Se você pensa em praticar a melhoria contínua, um dos recursos a ser utilizado é o antigo, mas ainda atual, PDCA – uma ferramenta de qualidade utilizada no controle de solução de problemas. Como uma evolução do PDCA, surge o PDSA, que inclui a necessidade de aprendizado e melhoria de um produto ou processo. A mudança ocorre de *Check* (Checar/Verificar) para *Study* (Estudar). Portanto, já é possível considerar que o ciclo passou para um âmbito maior, ele não visa apenas checar, mas estudar e analisar.[84]

O bom é que você pode aplicar o PDSA nos diversos setores da empresa, tanto para criar ferramentas quanto para gerir pessoas. Mas existem inúmeras metodologias de processos de negócios que podem melhorar processos, aumentar a produtividade e até resolver problemas de qualidade e desperdício. É o caso da Lean Six Sigma, um sistema de gestão quantitativo (trabalha com dados e análise estatística), estruturado (pois adota sempre um método) e disciplinado (pois exige um tempo mínimo de dedicação) que visa melhorar e reinventar processos de negócios com vistas à excelência operacional.

O surpreendente é que esses programas de aprimoramento são também impulsionadores para o trabalho do RH. Porque o centro do nosso interesse, quando pensamos em melhoria contínua, deve ser o colaborador, ou seja, as pessoas, como faço questão de frisar.

---

[84] TEIXEIRA, A. S. Qual a diferença entre PDCA e PDSA? **Qualiex — Blog da Qualidade**, 26 fev. 2015. Disponível em: https://blogdaqualidade.com.br/qual-diferenca-entre-pdca-e-pdsa/. Acesso em: 7 jun. 2021.

# Benefícios do RH com a melhoria contínua

### DESENVOLVIMENTO DE LIDERANÇA

A prática da equipe de identificar, analisar, planejar, executar e medir desenvolve as habilidades práticas de todos, inclusive daqueles mais propensos à liderança. Você saberá identificar essa ou essas pessoas durante o processo.

### MELHOR TRABALHAR EM EQUIPE

Reunir pessoas de diferentes áreas pode ser um facilitador para correção de rotas e fornecer novos caminhos para os desafios mais difíceis. A colaboração entre diversas funções vai surgir no processo.

### INGRESSO MAIS FÁCIL DE COLABORADORES

Com melhoria contínua haverá a padronização das melhores práticas, otimizando processos, tarefas e procedimentos. Documentar esses processos formará a base do aprimoramento e tornará muito mais fácil a atualização de um novo funcionário e a execução de tarefas conforme prescrito durante o processo de *onboarding.*

### ROTATIVIDADE REDUZIDA

Um estudo mostrou que 89% dos gerentes acreditam que a maioria dos colaboradores trocam de emprego por melhores salários. No entanto, os dados revelam ainda que 88% desse *turnover* voluntário vai além da questão dinheiro.

E boa parte dessas questões, como falta de feedback, oportunidades insuficientes para crescimento e muito pouco reconhecimento do valor do trabalho, são solucionadas por meio da melhoria contínua de RH. O envolvimento na melhoria também aponta uma questão mais problemática do que a rotatividade, o desligamento. Os funcionários que trabalham apenas o suficiente para não serem demitidos não contribuem positivamente para a cultura da empresa.

## Melhoria contínua e desenvolvimento de pessoas

Esses dois fatores são garantia de engajamento e de um investimento emocional que fazem o sucesso de qualquer organização.

Assim como é preciso desafiar o futuro, deve-se desafiar o modelo de gestão, de remuneração, de trabalho. Ou seja, cuidar da cultura corporativa como o maior bem da empresa. É necessário, sim, buscar a melhoria contínua e o desenvolvimento da equipe.

Aliás, como já foi comentado em capítulos anteriores, recentemente revisitamos toda a cultura corporativa da Apsen, em um trabalho de materialização e de nomeação das nossas práticas e dos nossos atributos. Ver uma empresa com mais de meio século de existência, bem-sucedida e em crescimento fazendo esse exercício é um excelente exemplo de como o *do it again* [faça de novo] é permanentemente necessário.

Como mencionado antes, não se trata de colocar tudo abaixo para reerguer, mas de entender que tudo tem mudado a uma velocidade inimaginável há algum tempo, o que exige fazer sempre de novo, mantendo a essência, mas mudando a forma.

Portanto, não hesite: *do it again*! Você agora tem um método. Um guia. Saiba que você terá que voltar e começar tudo de novo algumas vezes, mas, com o nível de maturidade que alcançou, os ciclos serão mais curtos, mais fáceis e até mais divertidos.

Celebre cada conquista com entusiasmo, das menores às maiores. Lembre-se de que, a cada retorno a esse ciclo, sua empresa, você e seus colaboradores sairão mais fortalecidos, mais preparados e mais alinhados rumo ao lugar de destaque que seu negócio merece.

**Espero que tenha gostado deste capítulo. Para ter acesso a materiais exclusivos e outros conteúdos que preparei sobre esse tema e sempre atualizo com muito carinho, capture o QR Code aí ao lado.**

https://www.renataspallicci.com.br/sucesso-e-o-resultado-de-times-apaixonados/do-it-again

## Capítulo 15

# UMA EXPLOSÃO DE SUCESSO: SONHOS REALIZADOS

Se você chegou até aqui, interessou-se pelo nosso método, isso prova o quanto está buscando ferramentas para encontrar o melhor caminho e o sucesso da sua empreitada. Agora é o momento certo de dizer que, mesmo para mim, que estou aqui oferecendo alternativas e alguns processos já percorridos e com resultados conquistados muito bons, nem sempre foi assim.

A princípio, pode parecer até que foi fácil e intuitivo refletir sobre essa metodologia, observar as referências, dar atenção às minhas experiências relatadas neste livro. Mas não foi! Nós, na Apsen, passamos por muitas dores para chegar aonde estamos, até conseguir desenvolver essa proposta que, espero, possa servir de exercício para outros empresários e empreendedores.

Quando fiz o meu último processo de *coaching* e, na sequência, o meu MBA para CEO, levando o processo de planejamento estratégico para a Apsen, tanto o meu pai quanto eu e outros gestores estávamos inseguros, passando por um estado crucial de crescimento. A Apsen, naquele momento, ganhava um novo conceito. Havíamos nos transformado em uma grande empresa. E para nós – eu e meu pai principalmente –, que havíamos vivido e nos tornado líderes e gestores somente dentro da Apsen, esse era um período de dor.

Foi um momento muito difícil, de precisar encarar outros desafios, de não ter certeza de como gerir uma grande empresa. E, acima de tudo, lembrando o nosso compromisso com as pessoas, de ter receio de não saber como continuar crescendo, como organizar a Apsen para que pudéssemos potencializar o nosso sucesso sem perder a nossa essência, sem romper relações, sem abrir mão da proximidade com os nossos colaboradores.

Entrando de cabeça nessa dor, ousamos exercitar o que hoje aqui chamamos de nossa metodologia. Estudamos muito, desaprendemos para aprender novamente, mas conseguimos nos libertar das amarras e dos paradigmas, para encarar novas formas de trabalho, novas tecnologias, desapegar de fórmulas ingenuamente construídas, de certezas que foram testadas e não resistiram às inovações.

Foi libertador formar um time forte e talentoso, dar poder a esse time, eliminar roubadores de energia e ver as coisas acontecerem no nosso negócio. Assim como foi e continua sendo reconfortante e prazeroso sentir o poder de uma equipe apaixonada e obcecada pelo sucesso. Uma equipe que sonha o mesmo sonho, que sonha junto!

Para acertar os números, atingindo objetivos financeiros sólidos e promissores (porque não adianta ter agora e não se preparar para depois), é preciso, sobretudo, investir, acreditar e focar as pessoas.

Parece repetitivo, uma espécie de mantra, mas essa é a minha intenção. Focar as pessoas certas e colocá-las no centro das decisões de gestão e planejamento. Direcionar, inspirar, mostrar que mesmo no mundo Bani é possível se atualizar e realizar. Afinal, estou aqui, em meio à pandemia, falando de sucesso, de resistência, de possibilidades, de conquistas. Parece paradoxal, mas a hora é agora!

O objetivo de compartilhar com você um pouco da minha experiência e de tudo o que aprendi em cursos, livros, palestras, com amigos empreendedores, observando a concorrência, enfrentando o medo, perseguindo a coragem, coletando dados e *cases* é impulsionar você a buscar o que deseja.

Então, descubra e impulsione seus desejos de melhorar. Use todas as ferramentas que encontrar. Experimente. Desconfie. Confie. Mas não perca a vontade de fazer melhor. Determinação é algo que se renova a cada dia.

Pode acreditar: se eu pude, você também pode. Hora de explodir, vá em frente!

E aí, resta uma última pergunta: "Foi bom para você?". Essa frase virou lugar-comum, parece piada, mas é uma pergunta que eu me faço diariamente. É importante que tenha sido bom para nós também, não só para os outros. Não tem nada de egoísmo nisso, mas de autocuidado. Assim, pergunte-se sempre se vale seguir em frente, e você vai ver que vale!

Hoje, posso afirmar como me sinto, e se esse trajeto que sugiro a você foi e está sendo bom para mim. Garanto que foi e tem sido, sim, importante trilhar um caminho repleto de dúvidas, desafios e superação, para atingir um bom resultado. E é assim que eu imagino que você esteja querendo passar por esse momento de busca e aprendizado, para, no futuro, sentir na pele o quanto foi importante na sua caminhada.

Depois que estudo, depois que cuido de mim (sou fisiculturista aplicada, além de empresária), depois que pratico na empresa o que aprendi e observo se está dando certo, depois que escuto o outro e interajo com as pessoas… Depois disso tudo, eu me pergunto se está sendo ou se foi bom pra mim. Já virou um hábito. A minha resposta tem sido a mesma: "Sim, foi e está sendo bom". Ainda mais na Apsen, onde a conexão acontece a todo instante.

Hoje eu sinto que a empresa entrou nesse *flow,* porque a conexão já se estabeleceu. As pessoas na Apsen já estão conectadas. Chegamos a um ponto em que todos estamos em sintonia com o mesmo propósito! A conexão entre colaboradores e gestores é total – a ponto de parecer com aquela história de duas pessoas em um relacionamento de extrema afinidade, no qual se pode olhar nos olhos um do outro e enxergar o mesmo presente e ter as mesmas perspectivas de futuro. A intimidade e o compromisso com os mesmos desafios já estão selados entre nós, colaboradores e gestores.

Estamos vivendo essa conexão intensa, máxima e bastante contagiante. Até mesmo os novos colaboradores entram nesse *flow* rapidamente. Os depoimentos desses novatos são significantes. Eles afirmam parecer que estão na Apsen há muito tempo. Que nos conhecem e fazem parte da nossa história, embora isso seja somente um sentimento, não a realidade. Mas o sonho tem que ser sonhado todos os dias, concorda? E sonho que se sonha junto... (você sabe bem o restante desse pensamento tão verdadeiro).

Por falar em realidade, todos na Apsen sabemos que estamos aprendendo. Temos absoluta consciência do mundo Bani em que vivemos e vamos continuar nos reinventando para melhorar o que já somos e os resultados que conquistamos.

Não foi fácil, mas, em cinco anos, a Apsen colocou em prática as suas bases de governança: alinhamos e realinhamos os processos, qualificamos o relacionamento com os nossos investidores, estruturamos os canais de denúncia e os comitês de *compliance*, enfim, solidificamos uma série de elementos corporativos parrudos em uma cultura de gestão de projetos e processos firmados em metodologias ágeis. Prova disso é a inserção do digital e de várias outras transformações tecnológicas – e refiro-me não apenas às da indústria e da área de Pesquisa & Desenvolvimento (algo já instituído na Apsen), mas especialmente às transformações do marketing digital e às novas ferramentas de relacionamento com os nossos colaboradores e com os nossos *stakeholders*, o que se reflete no nosso sucesso em um mercado altamente competitivo.

Para ilustrar o resultado desses avanços, vale destacar que, em 2018, tivemos importantes produtos que assumiram a liderança do mercado, como o nosso anti-inflamatório Flancox. Se você não sabe, durante muitos anos, a Apsen foi uma empresa de nicho, com a intenção de trabalhar um mercado específico, pequeno e mais fácil de conquistar território. No entanto, o sucesso desse produto mostra o quanto conseguimos conquistar, além de chamar atenção dos concorrentes. Resultados como esse evidenciam o que somos hoje: uma grande empresa nacional com representatividade e credibilidade bastante significativas.

Em 2019, ganhamos quatro Lupas de Ouro, o Oscar da indústria farmacêutica, outorgado pelo Sindusfarma com o GRUPEMEFE, em que são premiados os principais destaques do marketing. Em 2020, recebemos mais sete prêmios, sendo que, um deles, foi o projeto do digital. Nesse mesmo ano, lançamos oito novos produtos.

Para o próximo ciclo de cinco anos, temos um desafio ainda maior: dobrar de tamanho e chegar a um faturamento de 2 bilhões de reais. Sabemos que não será fácil e que teremos que aprender, desaprender novamente e acreditar, a cada dia, que podemos alcançar essa meta.

Nosso percurso até agora e essa intenção de continuidade com as nossas atuais práticas, de evoluir sempre, provam que a nossa metodologia de focar as pessoas nos leva a acertar os números. E estamos fazendo isso de uma maneira supergostosa, verdadeira e transformadora, pode acreditar.

Não à toa as pessoas na Apsen vibram na mesma sintonia, as famílias vivem e aplaudem nossas conquistas, os filhos querem trabalhar conosco – e aqueles que não estão desejam fazer parte da empresa. Hoje temos duas gerações trabalhando juntas e, quem sabe, chegaremos à terceira!

Chamar a Apsen de Nação não é fazer uso de retórica. Ou de um apelo de marketing fácil e não comprovado, como muitas empresas fazem por aí. Chamar a Apsen de Nação é fazer parte de um estado de bem-estar, de boas práticas, a fim de construir o melhor internamente e oferecer o melhor para a saúde, alcançando milhões de pessoas.

Esse legado não foi construído (e continua sendo) só para nós ou para as pessoas que necessitam de produtos de qualidade para a manutenção da saúde. Eu creio, sinceramente, que podemos replicar nossas práticas. Há pessoas interessadas em construir uma história de sucesso não apenas baseada em ganhos financeiros, em distribuição de dividendos e lucros, em aumento de patrimônio, em reconhecimento público porque a assessoria de imprensa trabalhou direitinho. Ah, não é só isso, não.

Se você se deu ao trabalho de ler este livro até o fim, se entendeu as histórias relembradas e confidenciadas aqui, é porque também pretende fazer o melhor para você mesmo, para sua empresa e para as pessoas ao seu lado na jornada.

Desejo a você um caminho bem caminhado, bem construído, bem pensado. Desejo também tantas revisões quantas forem necessárias, e muita disposição para desaprender e reaprender. Desejo, assim, muitas conquistas, muito sucesso!

Não se esqueça: focar as pessoas é a única fórmula que existe para acertar os números – pelo menos, por enquanto.

Obrigada por ter chegado até aqui comigo. Viva o seu percurso com muita disposição e alegria.

Boa sorte, sucesso e seja feliz na caminhada!

O verdadeiro sucesso é satisfazer sua ânsia de felicidade, cumprir sua vocação de ser feliz. E isso você só consegue quando se relaciona com sinceridade com as pessoas que ama, quando é amigo de seus filhos e, principalmente, quando consegue ser amigo de si próprio.

Ser amigo de si próprio é compreender seus erros, é ser seu cúmplice para enfrentar os desafios, é motivar-se para superar novos obstáculos e, principalmente, desfrutar ao máximo a sensação de felicidade, sem culpa nem medo. Ser feliz é o mais compensador de todos os sucessos.[85]

---

**Espero que tenha gostado deste capítulo. Para ter acesso a materiais exclusivos e outros conteúdos que preparei sobre esse tema e sempre atualizo com muito carinho, capture o QR Code aí ao lado.**

https://www.renataspallicci.com.br/sucesso-e-o-resultado-de-times-apaixonados/uma-explosao-de-sucesso-sonhos-realizados

---

[85] SHINYASHIKI, R. **O sucesso é ser feliz**. 4. ed. São Paulo: Gente, 2012.

Muito obrigada por ter completado comigo essa jornada apaixonante. Vamos seguir juntos? Capture o QR Code aí ao lado e descubra como podemos seguir conectados pelas minhas redes sociais e pelo meu blog. Clique aí e vem comigo, estou esperando por você!

https://www.renataspallicci.com.br/sucesso-e-o-resultado-de-times-apaixonados/midias-e-contatos

Este livro foi impresso pela gráfica Rettec
em papel pólen bold 70g em outubro de 2021.